LES RÈGLES DU JEU

LES RÈGLES DU JEU

Guy Le Blanc

Maquette de la couverture et montage :
Publicité Danielle Meunier
danielle@pubdm.ca

Distribution :
Somabec
2475, rue Sylva-Clapin
B.P. 295
Saint-Hyacinthe, Québec
J2S 7B6
1-800-361-8118 (sans frais)
www.somabec.com

Publié et édité par :
Éditions GPS
3705, route 255
Saint-Lucien, Québec
J0C 1N0

© Copyright 2011

ISBN 978-2-9804754-5-0
Dépôt légal – Bibliothèque Nationale du Québec, 2011
Dépôt légal – Bibliothèque Nationale du Canada, 2011

À Alexandre, Christophe,
Félix, Mathilde,
Maxence et Raphaëlle,
mes petits arbres

Prologue

Le jeune garçon, âgé de cinq ans à peine, regarde son grand-père et lui demande :

— Dix plus zéro, ça fait combien?

— Eh bien, ça fait dix, dit le grand-père.

— Non, ça fait cent. Si tu rajoutes un zéro à dix, ça fait cent.

— Et si j'avais dit cent?

— Eh bien, alors ça aurait fait dix puisqu'on sait bien que zéro, ça vaut zéro.

— Donc, j'étais sûr de perdre sur les deux tableaux.

Alexandre Le Grand démontra dès le plus jeune âge qu'il possédait un talent inné pour les mathématiques... et pour les facéties. À cinq ans, il comptait déjà jusqu'à deux cents, il était capable d'additionner, de diviser et de multiplier, et il pouvait identifier tous les élèves de sa classe de maternelle par leur numéro. Le 17 était Sacha, le 8, Gabrielle, et ainsi de suite. Il retenait les noms, les dates et les événements avec une facilité déconcertante. À tel point que sa mère dit un jour au grand-père :

— Je ne veux plus que vous lui montriez des trucs de mathématique. Je ne vois pas ce qu'il pourra apprendre lorsqu'il ira à l'école l'an prochain. Je ne veux pas qu'il devienne un singe savant.

Son grand-père lui apprit dès lors à identifier les arbres. En peu de temps, il était en mesure d'identifier plus de 40 espèces d'arbres indigènes en se promenant dans la forêt.

À huit ans, il écoutait une émission de variétés à la télévision à laquelle on avait invité un mathématicien français de renom qui se targuait de résoudre les questions les plus complexes.

L'animatrice lui posa la question suivante :

— La somme de trois nombres consécutifs au carré donne 109 445. Quels sont ces trois nombres?

Après quelques secondes de réflexion, Alexandre répondit 190, 191 et 192.

Pendant ce temps, les secondes s'égrenaient à la télévision et le mathématicien se concentrait au maximum. Après deux minutes qui semblèrent interminables, il répondait enfin 190, 191 et 192, ce qui s'avéra la bonne réponse.

La mère d'Alex, ébahie, lui demanda comment il avait fait.

— Je savais que chaque nombre dont le carré égale moins de 40 000 était près de, mais inférieur à 200. J'ai deviné que ce pourrait être 190 et la suite, mais je n'étais pas sûr. Puis dans ma tête, j'ai fait le carré de 1 qui égale 1, puis le carré de 2 qui égale 4 et la somme des trois nombres finissait par 5. J'ai donc répondu 190 – 191 – 192.

— Alexandre, c'est très bien et je veux que tu te serves de ce don, mais je n'aimerais pas que tu deviennes comme ce mathématicien français. Et je ne veux surtout pas que qui que ce soit le sache. Alexandre, promets-le moi.

— Je te le promets, maman.

— Si tu le veux bien, je t'appellerai dorénavant Alex et j'aimerais que tout le monde t'appelle Alex. Ça te va?

— Oui, maman.

Première partie

Le départ

À vos marques… Prêts… Partez…

Chapitre 1

La réunion du conseil d'administration se tenait dans la salle de conférence d'INTERFORCE, à ses bureaux du centre-ville de Montréal. Cinq personnes, dont une jeune femme, prenaient place autour d'une grande table de noyer qui aurait pu en accueillir facilement une quinzaine. Depuis deux heures, de part et d'autre de la table, fusaient des idées, des recommandations et des avertissements. Un simple observateur aurait peut-être eu l'impression de tirs entrecroisés. Mais en réalité, il s'agissait plutôt d'un ballet dont la chorégraphie avait été étudiée avec le plus grand soin. Les cinq participants étaient assis sur des chaises de cuir rendues inconfortables par la chaleur. Tous savaient que cette réunion était cruciale pour la compagnie. Enfin, le plus âgé du groupe, un monsieur aux cheveux blancs qui occupait le siège principal à un bout de la table, commanda le silence :

— Je crois que le choix évident est Alex Le Grand, dit Claude Lafond, président du conseil d'administration d'INTERFORCE.

Professeur de finance émérite, Claude Lafond avait fait carrière aux Hautes Études commerciales (HEC) pendant plus de 40 ans. Depuis sa retraite, il y avait une dizaine d'années, il était en forte demande pour siéger sur le conseil d'administration de nombreuses entreprises publiques et de caisses de retraite. C'était un homme affable, toujours souriant. Son intelligence remarquable lui permettait de voir immédiatement l'envers des choses et des gens. Sa mémoire était phénoménale et il pouvait discourir sur l'histoire, la géographie et les arts avec aplomb et en toute connaissance de cause. Il avait plus d'une fois étonné des étrangers par son savoir sur leurs pays, leurs chefs d'État et sur des événements anciens ou récents. Peu de gens se risquaient à le confronter sur des questions précises. Mais Claude Lafond possédait aussi un petit côté aventurier qui l'entraînait aisément à sortir des sentiers battus.

C'est ainsi qu'il s'était intéressé à INTERFORCE. Après avoir connu une folle croissance dans les années 90, cette jeune société ouverte, spécialisée dans les réseaux d'affaires sur Internet, avait vu sa progression s'arrêter du jour au lendemain. Les ventes avaient plafonné. Les profits avaient résisté quelque temps sous l'effet des compressions salariales et d'une réduction des dépenses, mais ils étaient aujourd'hui presqu'inexistants et on commençait à entrevoir le jour où les pertes se matérialiseraient.

Le marché boursier l'avait du moins déjà entrevu puisque le titre avait dégringolé, de 12 $ à son sommet, aux alentours de 2 $. Le seul élément qui l'empêchait de descendre encore plus bas était la forte encaisse qu'INTERFORCE détenait toujours dans ses coffres, encaisse qui s'élevait à près de 1,50 $ l'action. Toutefois, si les pertes venaient à se concrétiser, l'encaisse ne tarderait pas à fondre comme neige au soleil.

Le président-fondateur, Michel Laforce, avait surpris bien des gens, et surtout les employés, lorsqu'il avait démissionné deux mois plus tôt. Ce qui l'intéressait avant tout, c'était gérer la croissance. Gérer la décroissance, très peu pour lui; c'aurait été contre sa nature. Après avoir amassé une petite fortune, dans la fleur de l'âge, il allait consacrer les prochaines années à voyager à travers le monde. C'était là sa véritable passion. D'ailleurs, il était déjà en route pour l'Asie. Il possédait toujours trois millions d'actions, soit 10 % des actions de la société. À son départ, il avait laissé au conseil d'administration le soin de trouver son remplaçant.

Le premier choix aurait naturellement dû se porter sur Claude Savard, l'actuel vice-président aux finances, mais il ne faisait pas l'unanimité. Lorsque Michel Laforce était allé le chercher deux ans auparavant chez Maheux et Associés, la firme de vérification comptable dont INTERFORCE était la cliente, on reconnaissait en lui un successeur éventuel, mais avec le temps, les espoirs s'étaient quelque peu refroidis. C'est pourquoi dès le départ de Michel Laforce, Claude Lafond avait insisté pour qu'on regarde à l'extérieur et qu'on fasse affaire avec une firme de chasseurs de têtes. Cette dernière avait repéré deux candidats de taille : Alex Le Grand, ex-président de Wiley, une entreprise qui avait fait l'objet d'une OPA (offre publique d'achat), et Gordon O'Brien, qui avait passé toute sa carrière dans une multinationale. On avait récemment mis en doute la candidature de ce dernier en raison de son âge et surtout, de son inexpérience dans les petites entreprises. De plus, comme il n'était pas parfaitement bilingue, cela causait un certain malaise au sein du conseil d'administration.

Il était donc resté deux candidats en lice : Alex Le Grand et Claude Savard, qui bénéficiait apparemment de l'appui de Paul Cadieux, un comptable agréé, tous deux évoluant dans le milieu de la comptabilité, et de Jacques Lacasse, un jeune entrepreneur qui devait en partie sa réussite à la vente de son entreprise alors qu'il était encore jeune.

— Je vous le répète. Je crois que le choix évident parmi les trois derniers candidats est Alex Le Grand, dit Claude Lafond, président du C.A (conseil d'administration). Vous le savez déjà, Alex a été mon élève aux HEC il y a une vingtaine d'années. Puis, j'ai continué de m'intéresser à lui lorsqu'il a pris la direction de Wiley, une entreprise de fabrication de camions de rebuts. La compagnie était techniquement en faillite lorsqu'en dernier ressort, les actionnaires principaux lui en ont confié la direction et ce, après deux tentatives de redressement infructueuses menées par des spécialistes en relèvement d'entreprises. À la surprise générale, il a réussi à la remettre sur les rails et Wiley a été revendue quelques années plus tard à une multinationale européenne qui en fit un succès encore plus grand. J'avoue me sentir en conflit d'intérêt ici et surtout, je sens que les gens pourraient me considérer comme tel. Je vais donc me retirer pour vous laisser les coudées franches.

Après son départ, les quatre membres du C.A. se regardèrent longuement. Curieusement, le premier à prendre la parole fut Me Eric Longtin, un avocat d'affaires taciturne qui, sans jamais avoir été un redoutable plaideur, n'avait néanmoins pas son pareil pour décortiquer une décision d'affaires et en dénouer toutes les implications fiscales ou juridiques.

— Comme vous, j'ai examiné les CV de tous les candidats et ils me semblent aussi qualifiés les uns que les autres. Il est clair qu'Alex Le Grand est le plus jeune et celui qui semble avoir le moins d'expérience. Après tout, il n'a dirigé qu'une seule entreprise publique et encore, pendant une période relativement courte de cinq ans. Il faut cependant admettre que ce fut un succès total, même si Alex Le Grand a disparu des écrans depuis ce temps et qu'on n'en a plus entendu parler. Mais je connais Claude Lafond depuis quarante ans et lorsqu'il donne son avis, il est sage de l'écouter. Alex Le Grand est jeune et INTERFORCE est très jeune. De plus, la firme évolue dans un milieu qui n'existait même pas il y a quinze ans. Pour la diriger, ça prend un cerveau en mesure de comprendre les cerveaux artificiels, ce dont je suis moi-même incapable. Je suggère donc de rencontrer Alex Le Grand la semaine prochaine. Nous pourrons alors prendre notre décision.

Les trois autres membres acquiescèrent et quelques minutes plus tard, ils quittèrent la salle du conseil, satisfaits d'avoir au moins trouvé une ébauche de solution après deux heures de discussions intenses.

Chapitre 2

Le mercredi suivant, Alex Le Grand se présenta aux bureaux d'INTERFORCE. Une secrétaire de direction l'introduisit rapidement dans la salle où se tenaient les réunions du conseil d'administration. Les cinq membres du C.A. étaient arrivés depuis un moment déjà. Claude Lafond l'accueillit chaleureusement.

— Je vois que tu n'as pas changé. Toujours aussi svelte et la poigne aussi solide qu'un étau.

— Je vois que vous n'avez pas changé non plus, Professeur. Toujours aussi alerte. Seuls vos cheveux blancs indiquent que vous avez pris encore de la sagesse.

— Sache que je me prépare pour l'hiver, comme si tu ne le savais pas.

Puis Claude Lafond le présenta aux autres membres du C.A. : Me Eric Longtin, le secrétaire du C.A., Jacques Lacasse, un jeune entrepreneur qui avait conçu un logiciel de jeu et qui avait vendu son entreprise récemment, Paul Cadieux, un fiscaliste à la retraite qui avait travaillé pour un grand bureau de comptables, et Hélène Jolicoeur, qui avait joint le C.A. il y a un an environ, amenant dans ses bagages une grande expérience en relations publiques au sein d'une multinationale.

Après une brève poignée de main, ils s'installèrent autour de la longue table ovale. Alex prit d'emblée la parole.

— Madame, messieurs, je vous remercie de me recevoir. Je n'irai pas par quatre chemins. J'ai pris connaissance des documents qui m'ont été fournis ainsi que des états financiers et communiqués de presse de la compagnie. Il est évident que, n'étant pas familier avec les rouages internes, je ne peux émettre qu'une opinion très sommaire. Je ne dirais pas superficielle, mais sûrement insuffisante pour vous dire avec précision ce qu'il faut faire pour remettre cette entreprise sur les rails.

Par ailleurs, j'ai communiqué avec plusieurs connaissances et amis, et ce que j'ai appris me permet de vous dire que j'éprouve un intérêt réel pour le poste. Je ne sais pas si je suis le candidat idéal pour INTER-FORCE, mais permettez-moi tout de même de vous présenter ma conception de la direction d'une entreprise.

Avant d'entrer dans le vif du sujet, j'aimerais vous dire ceci. Certains pourraient penser que je suis vieux jeu, malgré mon âge. Mais depuis mon enfance, et grâce à un grand-père qui m'a enseigné à aimer, et surtout à respecter la nature, j'ai beaucoup appris sur le sujet, en particulier sur les arbres. Je sais par exemple qu'un arbre est prédestiné à être grand et fort à la condition de croître dans un milieu propice et de ne pas subir d'accident ou attraper de maladies. Il ne sert à rien de vouloir le forcer à grandir trop vite; il risque juste de se casser ou de se blesser. Ses besoins sont simples : un bon terreau et une bonne dose de soleil. On veillera aussi à élaguer les branches mortes et à débroussailler autour. S'il a tendance à pousser croche, il suffira d'installer un tuteur solide pendant quelque temps et il repartira en flèche, sain et dominant.

Madame et messieurs, je ne suis évidemment pas ici pour vous donner un cours de sylviculture. Cependant, ma conception d'une entreprise est assez semblable. Il ne sert à rien de vouloir faire croître une entreprise trop rapidement. À ce jeu, on risque tout simplement qu'elle casse son allure et, dans le pire des cas, qu'elle fasse faillite. Il faut réunir tous les éléments qui lui permettront de croître, lentement mais sûrement, et d'atteindre sa pleine maturité à long terme. Ce n'est pas un parcours facile, mais il est réalisable à la condition d'y mettre tous les soins requis et que tous travaillent dans le même sens.

Un long silence se fit dans la salle, brisé par Claude Lafond.

— Alex, je te reconnais bien là! Capable de te montrer terre à terre, mais l'esprit constamment en alerte, occupé à assimiler, à analyser, à classer et à planifier. Les membres du conseil et moi-même avons déjà eu de longues discussions concernant le choix d'un nouveau président et je crois que je suis autorisé à te dire que le poste est à toi, si tu veux bien l'accepter. En supposant que ce soit le cas, il reste un point à régler : quelles sont tes conditions?

— Quant au salaire, je laisse au C.A. le soin de le déterminer. Ce n'est pas l'argent qui est ma motivation première. Quant à la durée, je suis prêt à m'engager pour un maximum de cinq ans. Dans cinq ans, j'aurai préparé un remplaçant digne du poste recruté à l'interne, et si cela s'avérait impossible, on aura eu le temps de chercher à l'extérieur. Mais dans un premier temps, je veux disposer d'une période de trente jours pour bien analyser la situation d'INTERFORCE. Dans un mois au plus tard, je vous ferai un rapport de la situation et c'est uniquement à ce moment-là que vous annoncerez, s'il y a lieu, ma nomination.

Pour m'accompagner dans ma tâche, il me faut Mathilde Hardy comme secrétaire de direction. Elle m'a assisté depuis mes débuts chez Wiley et elle est, ni plus ni moins, mes antennes et mon radar.

Finalement, je veux qu'on m'octroie un million d'options au cours actuel. Toutefois, ces options ne me seront allouées que si INTERFORCE atteint un cours de 10 $ d'ici cinq ans. S'il y avait une offre publique d'achat avant l'échéance des cinq années, mes options entreraient en force immédiatement. Je veux également 100 000 options pour mon assistante, Mathilde Hardy, aux mêmes conditions.

Entre-temps, il faut que je devienne actionnaire de la compagnie. D'ici trente jours, je dois être capable d'acheter, d'un actionnaire existant, ou sur le marché, ou du Trésor de la compagnie, un million d'actions au cours actuel.

Enfin, je compte naturellement sur le C.A. pour faciliter ma transition.

Madame et messieurs, je serai ici lundi prochain, à la première heure, avec mon assistante. Faites en sorte que tous, à l'interne, me facilitent la tâche.

Claude Lafond reprit la parole.

— Au nom de mes collègues, sache que tes conditions sont non seulement acceptables, mais tout à ton honneur. Sache également que nous ferons tout en notre pouvoir pour faciliter ton intégration. Évidemment, un siège t'attendra au conseil lors de ta nomination officielle. Je me réjouis de ta décision, en mon nom personnel et au nom de mes collègues. Tu réchauffes le cœur de ton vieux professeur.

Chapitre 3

Le lundi suivant, Alex Le Grand était à pied d'œuvre dès les premières heures, en compagnie de son assistante Mathilde Hardy. Âgée de 45 ans, mariée et sans enfant, elle n'avait pas fait de longues études, celles-ci se limitant à un cours de secrétariat. Elle était cependant parfaitement bilingue, son père étant Irlandais de souche. Ce qui la distinguait du commun des mortels, et qui avait attiré l'attention d'Alex, était sa soif des défis et son ardeur à les relever. Plus le défi était grand et complexe, plus elle s'animait. Lorsqu'elle cherchait une réponse à une question, rien ne pouvait l'arrêter. S'il fallait qu'elle parle à un ministre ou à une personnalité importante, elle n'hésitait pas à effectuer une dizaine d'appels, à faire intervenir des amis ou des connaissances, à cajoler, à utiliser des moyens détournés au besoin, mais elle parvenait généralement à ses fins. Dans le cas contraire, la « personnalité » en question venait de se faire une ennemie de taille. Mais ordinairement, par son intelligence et sa grâce, elle parvenait à atteindre son but.

Alex l'avait remarquée peu après son arrivée chez Wiley. Reconnaissant rapidement ses capacités exceptionnelles et sa valeur pour l'entreprise, il avait insisté pour qu'elle obtienne un nombre important d'options d'achat, de sorte qu'au moment de l'OPA, elle était devenue subitement, sinon riche, du moins très à l'aise pour le reste de ses jours. Prête à relever un nouveau défi, elle avait répondu avec enthousiasme à l'invitation d'Alex.

Ce lundi matin, tous les membres du personnel avaient été prévenus de l'arrivée d'Alex et de son assistante. Alex Le Grand avait intégré d'office le bureau de l'ex-président, Michel Laforce. Mathilde Hardy occupait le bureau attenant.

Bien qu'elle n'avait que cinq ans de plus que lui, Alex ne s'était jamais résolu à l'appeler par son prénom et avait opté pour un compromis : Madame Mathilde.

— Madame Mathilde, on a du pain sur la planche. Je vais rencontrer le vice-président aux finances, la plupart des officiers de la compagnie, ainsi que les employés du siège social. Entre-temps, j'aimerais que vous me trouviez la liste de tous les employés.

Alex avait une facilité surprenante à retenir les noms depuis son enfance. À l'université, il connaissait le nom de tous ses camarades et professeurs. Ce don l'avait toujours bien servi, lui permettant même de se faire de nombreux amis. Chez Wiley, il n'avait mis qu'une semaine à retenir le nom des 150 employés.

Il avait vite compris l'utilité de cultiver ce don car le nombre de noms à retenir augmentait constamment. Un jour, il avait lu qu'il suffisait d'associer une image à un nom pour le retenir plus facilement. Ainsi, un dénommé Boisvert pouvait être associé à un arbre ou à une forêt. Cependant, il avait abandonné cette méthode lorsqu'il avait réalisé, par expérience, qu'il pouvait aussi bien s'agir de Laforêt, Boisvenue ou Jolibois. Depuis ce temps, il lui suffisait de répéter deux ou trois fois le nom de la personne et sa mémoire faisait le reste. Chez Wiley, le don d'Alex avait fait merveille. Ayant connu deux restructurations avant l'arrivée d'Alex à la présidence, la compagnie avait vu le moral de ses employés dégringoler. Les deux administrateurs précédents avaient procédé à des mises à pied massives et les employés qui restaient s'attendaient à ce que ce soit leur tour un jour ou l'autre.

La première chose que fit Alex à son arrivée chez Wiley fut de rencontrer tous les employés, individuellement ou en petits groupes. Pour les mettre en confiance, il se présentait et leur exposait sa vision d'une entreprise, ainsi que tous les efforts qu'il fallait consentir, ensemble, pour qu'elle prospère. Puis, s'adressant directement à chaque employé, en insistant bien sur son nom, il lui demandait son avis sur ce qu'il convenait de faire pour que la compagnie retrouve les beaux jours d'antan.

Évidemment, il ne s'attendait pas à ce que les employés lui apportent la solution à tous les problèmes, mais grâce à cette façon de procéder, ils avaient senti un vent de renouveau souffler sur l'entreprise et le moral avait commencé à remonter.

Un de ces employés se nommait Rosaire Tremblay. À l'occasion de leur première rencontre, Alex avait remarqué qu'il était fermé comme une huître. Âgé de 55 ans, les cheveux déjà blancs, Rosaire Tremblay n'avait pas dit un traître mot de l'entrevue. Pour Alex, c'était le genre d'employé en fin de carrière qui n'attendait que la retraite. Un contremaître lui avait cependant révélé qu'il s'agissait d'un très bon employé et qu'on pouvait lui confier n'importe quelle tâche. D'ailleurs, aussitôt qu'un problème mécanique surgissait, on se tournait presque toujours vers lui.

Alex se faisait un devoir de visiter l'usine tous les matins. La semaine suivante, alors qu'il déambulait d'un poste à l'autre, il aperçut Rosaire Tremblay absorbé à inspecter une pièce.

— Bonjour Monsieur Tremblay, comment ça va aujourd'hui?

Ce dernier sursauta en s'entendant interpeller par son nom, surtout par le président, et le rouge lui monta légèrement aux joues.

— Ça irait mieux si je pouvais seulement régler ce satané problème!

Et il retourna à sa tâche.

Alex n'insista pas, mais il sentit plutôt qu'il ne vit l'ombre d'un sourire se dessiner sur le visage du vieil employé.

Par la suite, chaque fois qu'il visitait l'usine, Alex ne manquait pas de saluer Rosaire Tremblay. Il connaissait maintenant le nom de ses enfants et de ses petits-enfants. Il en allait d'ailleurs ainsi avec la plupart des employés.

Puis un jour, Rosaire Tremblay lui dit :

— Monsieur Alex, est-ce que je pourrais vous voir à votre bureau?

— Bien sûr, venez cet après-midi à deux heures.

La majorité des employés avaient pris l'habitude de l'appeler Monsieur Alex, par respect certes, mais aussi en raison de son jeune âge. De toute évidence, le moral des troupes était remonté graduellement depuis son arrivée deux mois plus tôt.

À deux heures précises, Rosaire Tremblay se présenta au bureau d'Alex en bleu de travail, visiblement gêné et mal à l'aise.

— Venez vous asseoir avec moi à cette table, Monsieur Tremblay. Aimeriez-vous un verre d'eau ou un café?

— Non merci.

— Comment vont vos petits-enfants, Jacques et Richard?

— Très bien, merci! répondit Rosaire Tremblay, encore mal à l'aise de se retrouver dans le bureau du grand patron, probablement pour la première fois de sa vie.

— Comment ça va dans l'usine?

Pour ma part, je sens que ça va de mieux en mieux et je le vois dans les résultats. Les coûts ont diminué, les livraisons se font à temps et il n'y a quasiment plus de rappels. On est prêts pour de nouveaux contrats, ce qui est ma responsabilité.

— Justement, Monsieur Alex, c'est ce dont je voulais vous parler, dit Rosaire Tremblay qui prenait peu à peu de l'assurance. Vous savez que Wiley est reconnue depuis longtemps pour ses camions à vidanges, probablement les mieux construits de l'industrie, mais aussi parmi les plus chers. Or, la compétition est féroce et elle nous a affectés au cours des dernières années, en plus de nos problèmes financiers.

Il y a deux ans, j'avais parlé de mon idée avec mon contremaître, mais ce n'était sans doute pas le moment car je n'en ai plus jamais entendu parler. Peut-être que ce n'est pas encore le moment, mais j'ai décidé de vous en toucher un mot.

— Allez-y! dit Alex pour l'encourager.

— Vous savez, Monsieur Alex, que tous les camions de déchets sont chargés à l'arrière par un système hydraulique. J'ai longtemps travaillé sur la ferme de mes parents et les systèmes hydrauliques, je connais ça comme ma poche.

Puis, sortant un croquis de sa poche, il expliqua à Alex :

— Ce serait très facile, avec une simple modification, de faire en sorte que le camion puisse se charger de l'arrière, comme ça se fait actuellement, mais aussi par le côté, le long du trottoir, ce qui faciliterait le chargement et pourrait diminuer la manutention.

Le reste appartient à la petite histoire. Six mois plus

tard, Wiley sortait un camion à double chargement et les ventes explosèrent.

Quelques années plus tard, Wiley était achetée par une multinationale européenne et elle connut un succès encore plus retentissant.

À neuf heures précises, Alex entra dans le bureau de Claude Savard, vice-président aux finances d'INTERFORCE.

— Bonjour Monsieur Savard. Je me présente, Alex Le Grand. Comme vous le savez, j'ai été pressenti par le conseil d'administration pour devenir le prochain président d'INTERFORCE.

— Ah! Je croyais que vous aviez déjà été nommé.

— J'ai demandé une période de réflexion et je veux faire le tour de la compagnie et bien la comprendre avant de m'engager définitivement. Je crois que vous êtes la bonne personne à qui m'adresser pour obtenir une réponse aux nombreuses questions qui me trottent dans la tête.

Claude Savard avait été engagé deux ans auparavant par Michel Laforce, l'ex-président, qui le connaissait bien puisqu'il travaillait pour la grande firme de vérification responsable des états financiers d'INTERFORCE depuis son arrivée en Bourse, dix ans auparavant. Michel Laforce lui avait peut-être fait miroiter la présidence de la compagnie un jour, mais il est plus probable qu'il voulait surtout assurer sa succession lors de son éventuel départ. Or, pour ce faire, il avait besoin d'un bon contrôleur dans la place.

Claude Savard était dans la jeune cinquantaine et du genre sportif bien que les dernières années avaient de toute évidence alourdi sa démarche. Ses cheveux étaient châtains et bouclés, et ses yeux bleus, d'un bleu comme délavé par le passage des générations. Son allure agréable devait sûrement plaire à la gent féminine. Son accueil était chaleureux, sa poignée de main ferme, mais son regard, lorsqu'on lui parlait, fixait souvent un point à l'horizon ou sur le sol, comme s'il réfléchissait intensément.

— Monsieur Savard, dit Alex, je voudrais que vous me décriviez en quelques mots le modèle de la compagnie et ce que ça prend pour rétablir la croissance.

— Eh bien, le modèle de la compagnie est assez simple. Il s'agit d'une plateforme Internet qui met en contact des acheteurs et des vendeurs industriels à travers le monde. Lorsque la compagnie a été fondée, il y a dix ans, par Michel Laforce et son petit groupe d'informaticiens, la première plateforme, INTER-FORCE « Électronique », touchait à toutes les pièces et composantes d'ordinateurs. Ils étaient les premiers à innover dans ce domaine et le succès fut immédiat. Puis ils ajoutèrent INTERFORCE « Télécommunications », INTERFORCE « Médical », INTERFORCE « Camions », INTERFORCE « Pierres précieuses et diamants » et enfin INTERFORCE « Vin ». Le modèle est en fait archi-simple. INTERFORCE propose un abonnement annuel pour lequel elle perçoit entre 2000 et 3000 $, tant des acheteurs que des vendeurs. Elle assure elle-même la supervision du site Internet qui est accessible uniquement aux membres par le biais d'un mot de passe. Elle contrôle aussi les paiements et les livraisons. Tant qu'INTERFORCE ajoutait de nouveaux réseaux, la croissance était au rendez-vous. Chaque nouvelle plateforme coûtait très peu en frais de démarrage et de développement. Mais voilà; depuis quelques années la roue a cessé de tourner. On a bien essayé d'ouvrir de nouvelles plateformes, mais sans succès, et certaines ont été abandonnées parce qu'elles n'étaient pas rentables.

— Est-ce que vous avez déjà essayé d'augmenter les revenus auprès des membres?

— On a bien essayé, mais comme le modèle est basé sur des abonnements, on risquait davantage de perdre des abonnés que d'augmenter les revenus. Comme l'entreprise était une boîte d'informaticiens à l'origine, la direction a essayé de vendre ses services informatiques à ses abonnés. Ça a fonctionné pendant un certain temps. La vente de logiciels ou de sites informatiques clés en main donnait à l'occasion de bons résultats, mais on s'est vite aperçu que ça dispersait les troupes. Ajoutez à cela une ou deux mauvaises expériences où l'on a perdu énormément d'argent et la direction a ramené la compagnie à sa vocation première.

— Monsieur Savard, excusez-moi de vous interrompre, mais j'aimerais faire venir mon assistante, Mathilde Hardy.

Celle-ci arriva quelques minutes plus tard.

— Permettez-moi de vous présenter Mathilde Hardy, mon bras droit. J'aimerais qu'elle puisse prendre quelques notes durant notre entretien. Madame Mathilde va m'accompagner tout au long de ma réflexion. Si j'accepte la présidence, elle occupera un poste important chez INTERFORCE.

Claude Savard l'accueillit chaleureusement et ils poursuivirent leur conversation.

— Monsieur Savard, reprit Alex, je comprends assez bien le modèle, mais si vous étiez à ma place, quelles mesures prendriez-vous pour rétablir la profitabilité et la croissance chez INTERFORCE?

— Ce n'est pas une question facile, je ne le sais que trop. J'y réfléchis d'ailleurs depuis mon arrivée chez INTERFORCE. On a considérablement réduit les dépenses et le personnel; alors il me semble difficile d'aller plus loin à ce niveau. On est assis sur une encaisse de 45 millions de dollars et on a envisagé une dizaine d'acquisitions, mais rien de concret jusqu'à présent. Comme je vous l'ai mentionné tantôt, on a essayé d'augmenter nos revenus auprès des membres, mais on n'a pas eu de succès de ce côté non plus. On est comme dans un cul-de-sac et c'est sans doute la raison pour laquelle Michel Laforce a remis sa démission au conseil d'administration il y a deux mois.

Mathilde Hardy intervint pour lui demander :

— N'est-il pas possible d'augmenter le nombre actuel d'abonnés, soit en diminuant le coût de l'abonnement, soit en augmentant la publicité ou le service aux clients?

— C'est une très bonne question, mais je ne suis pas sûr que ça marcherait, ni dans un sens, ni dans l'autre.

— Et pourquoi pas? répondit Madame Mathilde qui insistait.

— Je dois vous avouer qu'on n'a pas essayé et qu'on n'a pas sondé nos abonnés.

Alex intervint à son tour.

— Est-ce qu'un programme de rachat d'actions par la compagnie a déjà été envisagé?

— Oui, l'année dernière, mais comme nous ne l'avons pas encore soumis au C.A., il n'a pas été mis en marche.

— Est-ce que le titre est suivi par une firme de courtage?

— Pas présentement. Durant les beaux jours, au moins cinq firmes le suivaient, mais depuis deux ans, plus personne ne le suit.

— Bon, conclut Alex. Nous allons nous en tenir à cela pour ce matin. J'aimerais que vous fournissiez à Madame Mathilde tous les états financiers des trois dernières années, les budgets de cette année et de l'année passée, les communiqués de presse et les comptes rendus des réunions du C.A. depuis deux ans.

De retour à son bureau, Alex demanda à Mathilde Hardy ce qu'elle pensait de Claude Savard.

— Sympathique, mais difficile à cerner. Il n'a pas

cessé de me lancer des coups d'oeil durant la rencontre.

— À ce que je vois, votre charme fait encore beaucoup d'effet, Madame Mathilde, dit Alex avec un sourire en coin.

Chapitre 4

Le reste de la semaine fut une période intense de rencontres. Fidèle à son habitude, Alex se faisait un devoir de rencontrer cadres et employés par petits groupes.

Madame Mathilde préparait chaque réunion et fournissait à Alex le plus de détails possible sur chaque cadre et employé. Alex savait bien qu'il lui faudrait plusieurs semaines, voire des mois, avant de connaître tout le monde comme chez Wiley. En outre, il insistait pour que Madame Mathilde assiste à la plupart des réunions. Il s'était aperçu qu'elle avait un instinct très sûr pour identifier les meilleurs candidats et détecter rapidement ce qui n'allait pas. Bien que n'ayant pas d'enfant, elle possédait un instinct maternel inné qui faisait que les gens se confiaient facilement à elle.

Un facteur compliquait toutefois la tâche. En effet, les activités d'INTERFORCE étaient regroupées d'une façon pour le moins singulière. D'une part, dans une tour à bureaux du centre-ville s'activaient une cinquantaine de cadres; d'autre part, dans un centre industriel de banlieue se déployait une petite armée cosmopolite de 300 personnes, de toutes les origines culturelles et s'exprimant dans toutes les langues, dont le rôle était de répondre aux clients 24 heures par jour, sept jours par semaine. La plupart du temps, les activités se déroulaient en anglais ou en français, mais de plus en plus intervenaient le mandarin, l'espagnol, l'italien et bien d'autres langues ou dialectes. Il était très rare qu'un client ne puisse se faire comprendre sur-le-champ.

Ce clivage des activités était survenu très tôt. Tant qu'INTERFORCE ne comptait que la division électronique, les employés étaient tous logés sous un même toit, mais dès qu'on avait ajouté la division des télécommunications, le service de soutien avait été déplacé en banlieue à cause de l'espace requis et des coûts exorbitants associés au centre-ville.

C'était d'ailleurs là un point d'interrogation dans l'esprit d'Alex. Pourquoi avoir maintenu deux emplacements au lieu de tout combiner en un seul endroit? Mais pour l'instant, il avait beaucoup d'autres chats à fouetter, sans compter qu'il n'avait pas encore accepté le poste.

Dans une société telle qu'INTERFORCE, l'une des personnes les plus importantes est le vice-président - informatique. Tout repose sur lui, le succès aussi bien que l'échec d'une entreprise. Parmi les personnes qu'il devait rencontrer en priorité se trouvait donc Steve Murray, le concepteur de la plateforme informatique d'INTERFORCE.

Dès les premiers abords, Steve lui fit une excellente impression. Ils étaient pratiquement du même âge et

Alex, qui s'était attendu à tomber sur un jeune « crack » de l'informatique typique, quelque peu dépenaillé et les cheveux en broussaille, fut surpris de rencontrer un homme d'allure sportive, les cheveux coupés ras et surtout, portant veston et cravate.

Steve était d'origine anglophone, mais ayant été élevé dans un quartier francophone, il parlait un français aussi fluide que tout Québécois francophone. C'est d'ailleurs dans ce quartier qu'il avait fait la connaissance de Michel Laforce et qu'ils étaient devenus de grands amis. Le destin les avait quelque peu éloignés après les études secondaires; Michel Laforce était allé aux HEC, tandis que Steve avait reçu une bourse pour étudier au Collège Militaire de St-Jean où il s'était spécialisé en informatique.

C'est alors qu'il était aux HEC que Michel Laforce avait eu l'idée d'INTERFORCE. Il avait vite recruté Steve pour concevoir l'infrastructure informatique. Michel Laforce était le vendeur, Steve Murray le penseur. Très tôt, celui-ci avait constitué une équipe qui devait par la suite faire la force de l'entreprise. Steve Murray possédait environ un million d'actions et sans l'ombre d'un doute, il était un rouage important de la machine.

Alex l'avait fait venir dans son bureau. Après une brève poignée de main, il le fit asseoir dans l'un des deux fauteuils qui meublaient son bureau, puis il se cala dans l'autre.

— Avant tout, Steve, pourrait-on se tutoyer? Après

tout, nous avons pratiquement le même âge. Comme tu le sais, j'ai été pressenti, à tort ou à raison, pour prendre la place de Michel Laforce et avant de prendre une décision définitive, j'ai demandé une période de réflexion.

Dis-moi, Steve, est-ce que le poste de président aurait pu t'intéresser?

— Michel Laforce me l'avait offert l'an dernier, sujet à l'approbation du conseil d'administration. Je l'avais refusé pour deux raisons. J'ai une femme merveilleuse et deux jeunes enfants. Ils sont toute ma vie. Voilà ma première raison. Puis, ce qui me captive le plus après ma famille, c'est l'informatique et la création de logiciels. J'ai compris très tôt que si on veut être heureux dans la vie, il faut faire ce que l'on aime et s'y consacrer tout entier. C'est ma deuxième raison. J'ai tout pour être heureux chez INTERFORCE. Je suis prêt à accepter de nouveaux défis tant qu'ils n'empiètent pas sur mes priorités personnelles.

— Mais tu possèdes tout de même un million d'actions d'INTERFORCE.

— C'est vrai, mais elles m'ont été données, ce n'est pas comme si je les avais payées. Bien sûr, je considère que je les ai bien gagnées au fil des ans, mais je ne me sentais pas plus riche lorsqu'elles valaient 10 $. C'est un peu comme si ma maison doublait de valeur; je ne suis pas plus riche si je n'ai pas l'intention de la vendre. Que je puisse y vivre heureux et en sécurité, c'est tout ce qui m'importe.

— Parle-moi un peu de Michel Laforce.

— Il faut que tu saches qu'il a toujours été un de mes meilleurs amis. Je l'ai suivi au début d'INTERFORCE car je sentais qu'il en ferait un succès et ce fut le cas. Mais au cours des dernières années, au lendemain du krach informatique de 2000 et après que les affaires ont commencé à ralentir chez INTERFORCE, c'est comme si le feu qui l'animait s'était éteint peu à peu. Aussi, je pense que lorsque le titre s'est mis à descendre lentement, il l'a ressenti comme un boulet de plus en plus lourd à tirer, comme un échec. Il prenait toute la responsabilité sur lui-même face aux actionnaires. Dans les derniers temps, il était devenu de plus en plus songeur.

— Pourquoi est-il parti?

— Ça faisait plusieurs mois qu'il avait prévenu les membres du C.A. de son intention de quitter éventuellement. Peut-être a-t-il voulu leur administrer un électrochoc, les placer devant un fait accompli. Il avait mis beaucoup d'espoir dans l'arrivée de Claude Savard et peut-être s'est-il aperçu que ça prenait quelqu'un d'autre pour le poste de président. Peut-être était-il surmené et que l'idée de voyager, un passe-temps dont il raffolait, serait l'antidote idéal?

Un long silence s'installa entre les deux hommes, puis Alex reprit.

— D'après toi, qu'est-ce que ça prend pour redémarrer INTERFORCE?

— Je me suis souvent posé la même question. J'en

ai discuté longuement avec Michel et ma femme. C'est drôle, mais je pense que la compagnie a tout pour réussir : un nom et une réputation, de l'encaisse, des clients, des employés, des systèmes. On dit souvent qu'un arbre cache la forêt. Peut-être que ça prend une nouvelle vision, un souffle nouveau. Personnellement, je ne sais pas exactement ce qu'il faut, mais je suis prêt à aider dans la mesure de mes moyens.

— Parlant de systèmes, est-ce qu'INTERFORCE a ce qu'il faut pour continuer?

— À l'origine, lorsque j'ai bâti le système avec mon équipe pour la division « Électronique », ce n'est pas pour nous vanter, mais le squelette était parfait pour INTERFORCE. Nous n'avons fait que l'améliorer et l'adapter au fil du temps. D'ailleurs, chaque fois que Michel songeait à lancer une nouvelle division, nous n'avions qu'à prendre le système de base et à le reproduire. Les Américains ont cette expression, *cookie cutter*, pour désigner les franchises, et c'est ce qu'on faisait. Pour chaque nouvelle division, nous reprenions le système de base et l'adaptions. À bien y penser, le problème est peut-être qu'on manque d'idées pour de nouvelles divisions.

— Est-ce que l'équipe du département informatique est suffisante pour continuer à progresser ou même envisager de nouveaux défis?

— À mon avis, comme on a toujours investi largement dans le département, ce n'est pas un problème. On a peut-être même trop investi et j'avoue que mes meilleurs hommes étaient parfois de trop. Alors, on les récupérait pour les placer dans les nouvelles divisions et leur procurer de nouveaux défis.

Alex fit venir Mathilde Hardy et lui présenta Steve Murray. Pendant qu'il prenait un appel téléphonique, il s'aperçut que les deux sympathisaient d'emblée, Madame Mathilde s'informant déjà de ses enfants et de son épouse.

Le reste de la semaine se déroula frénétiquement, si bien qu'Alex et Madame Mathilde furent surpris lorsqu'arriva le vendredi après-midi. Ils se quittèrent, un léger sourire de satisfaction sur les lèvres devant le travail accompli, mais aussi la tête remplie de questions.

Alex prit deux ou trois grandes inspirations. Déjà, tous ses sens étaient en éveil. Un léger bruissement courait entre les arbres, l'odeur pénétrante des feuilles mortes au sol se mariait avec le doux arôme des sapins baumiers, et çà et là, un oiseau invisible pépiait dans les branches.

Depuis l'université, il avait pour coutume d'aller courir dans les rues ou les parcs pendant de longs moments. Au début, seul le martèlement du sang affluant dans sa tête, pendant que la machine se réchauffait, occupait ses pensées; puis peu à peu, le vide se faisait et son cerveau se mettait en branle.

C'est souvent dans ces moments qu'il avait ses meilleures idées, ses pensées les plus profondes. On pourrait comparer cela à un ruisseau qui coule, d'abord paisiblement, puis qui se met à sautiller de roches en roches, de galets en galets, gagnant de plus en plus de vitesse, de limpidité, de clarté et de fraîcheur, à l'abri de toute pollution.

Puis à l'époque de Wiley, il avait pris l'habitude de venir souvent ici, sur la terre de son grand-père. Ce dernier lui avait beaucoup appris depuis son enfance et surtout à la mort de sa mère survenue alors qu'il n'était que jeune adolescent. Par exemple, il lui apprit, une fois de plus, à marcher plutôt qu'à courir. Ainsi, au lieu de courir pendant une heure, il marchait pendant de longues heures. L'effet était le même, mais en prime, il redécouvrait les bienfaits de la nature au gré des saisons et il voyait des choses qu'il n'avait jamais entrevues en courant.

Son grand-père avait acheté cette terre plus de trente-cinq ans auparavant, autant pour sa beauté sauvage que pour la taille de ses arbres. *Elle couvrait plus de 100 hectares et ça et là surgissaient, au hasard des sols, une sapinière, une pruchière, une cédrière, une pinède, toutes isolées mais cohabitant en harmonie. La terre était sillonnée de chemins de bois tracés le plus souvent au hasard; ils serpentaient dans la forêt, contournant ici un obstacle, là un ruisseau, là un arbre majestueux qu'on voulait préserver.*

Au décès de son grand-père il y a cinq ans, il avait hérité de cette terre si riche en souvenirs.

Ce dimanche-là, il se coucha exténué, mais apaisé. Il avait pris sa décision.

Chapitre 5

La première chose que fit Alex, ce lundi matin, fut d'appeler Claude Lafond. Ils se fixèrent rendez-vous au restaurant Bonaparte, où le Professeur avait ses habitudes depuis au moins 20 ans. Il s'agissait d'un restaurant français qui n'avait jamais été mis au goût du jour; on y servait une cuisine française plutôt traditionnelle, dont raffolait le Professeur et contre laquelle son médecin l'avait mis en garde, lui suggérant de diminuer à la fois les doses et la fréquence. Depuis, il favorisait les salades et le poisson, et il évitait les desserts. En revanche, il n'avait pas diminué la fréquence.

Le restaurant était situé au cœur du Vieux-Montréal, dans une rue peu fréquentée. Il comptait une fidèle clientèle d'habitués et peu avant midi, il était déjà bondé. Le Professeur avait réservé une excellente table, dans un coin discret, et les garçons, tous d'un certain âge, s'activaient déjà de table en table, dans une atmosphère feutrée. On voyait qu'ils connaissaient personnellement presque tous les clients.

Alex était arrivé le premier et le Professeur fit son entrée vers 12 h 10. On remarquait immédiatement que le personnage était connu et le maître d'hôtel se précipita pour l'accueillir. En avançant dans la salle, le Professeur salua chaleureusement deux ou trois personnes, puis parvint finalement à la table d'Alex.

— Excuse-moi d'être en retard. J'avais un conseil ce matin et il s'est éternisé. Comment a été ta première semaine?

— Frénétique, répondit Alex, une chance que j'ai eu Madame Mathilde pour m'aider. J'ai discuté avec Claude Savard et Steve Murray pendant de longues heures et les deux m'ont fait bonne impression, particulièrement Steve Murray. J'ai aussi passé beaucoup de temps en banlieue, à Longueuil, où se trouve la majorité des employés de soutien. J'ai essayé d'en rencontrer le plus grand nombre possible durant la semaine.

Ils furent interrompus par un garçon venu prendre leur commande.

— Ce midi, nous avons un excellent bar du Chili, Professeur, dit le garçon, manifestement au courant du nouveau régime du Professeur.

Les deux suivirent la suggestion du garçon, y ajoutant une salade de mangue en entrée, avant de reprendre leur discussion. Ils déclinèrent un verre de vin bien qu'étant tous deux des amateurs inconditionnels.

— Je commence à me faire une bonne idée d'INTERFORCE, mais je crains d'avoir commis une erreur.

Le Professeur devint tout à fait attentif et le fixa des yeux.

— Vous savez que lorsqu'on m'a confié la présidence de Wiley, on ne donnait pas cher de la survie de la compagnie.

— Je le sais mieux que personne, dit le Professeur. Tu sais que j'ai toujours aimé spéculer sur les petits titres dont le marché semble dire qu'ils s'en vont vers la faillite. Mais il faut qu'il y ait un petit quelque chose, une étincelle : un petit nombre d'actions, un bon produit, un nouveau dirigeant ou la possibilité d'une OPA. Lorsque tu es arrivé à la barre de Wiley, le titre était en bas de 0,20 $. Tout indiquait que Wiley se dirigeait en effet vers la faillite, mais pour moi ton arrivée a été l'élément déclencheur qui manquait. Et, tu connais sans doute cette expression, « j'ai reculé le camion ». J'en ai acheté une tonne et lorsque l'OPA est survenue quelques années plus tard, j'avais assez de bois dans ma cheminée pour réchauffer mes vieux jours et même plus. Mais tu connais aussi cette autre maxime : « Lorsqu'un titre monte, on n'en a jamais assez, et lorsqu'un titre baisse, on en a toujours trop ».

— Je ne savais pas que vous possédiez des actions; j'aurais dû en faire autant. Évidemment, mes options m'ont rendu à l'aise pour le reste de mes jours. Malgré tout, mon aventure chez Wiley m'a déçu. J'aurais aimé aller plus loin, mais lorsque l'OPA est arrivée, je n'avais pas grand mot à dire. Les actionnaires étaient heureux, les employés étaient rassurés, Wiley allait prospérer, mais moi, je suis resté sur ma faim. C'est pourquoi lorsque vous m'avez offert le poste chez INTERFORCE, j'ai demandé un délai de trente jours.

— C'était une erreur!

— Je m'en suis vite aperçu lorsque j'ai commencé à rencontrer les cadres et les employés. D'ailleurs, la première réflexion que m'a faite Claude Savard a été celle-ci : « Je croyais que vous aviez déjà été nommé ! »

Puis lorsque je rencontrais les employés, je voyais bien qu'ils étaient dans le doute. Je lisais dans leurs yeux : « S'agit-il d'un consultant ou d'un dirigeant? » Je devais me brancher le plus tôt possible. Une femme est enceinte ou pas, jamais à moitié.

Donc, j'ai décidé d'accepter la présidence dès à présent.

— C'était la bonne chose à faire et je vais t'avouer que j'avais prévu que cela arriverait ainsi. Je n'ai pas voulu te contredire sur le délai de trente jours car de toute façon, je savais que tu prendrais rapidement une décision, positive ou négative. Je suis bien content que tu acceptes!

— Voilà, c'est chose faite, dit Alex, et c'est une décision bien mûrie. Mais je voudrais qu'une chose soit claire, surtout entre nous. Je veux m'engager pour une durée maximale de cinq ans seulement.

Mon expérience chez Wiley a été intense et je sais ce qui m'attend chez INTERFORCE. Cinq ans, c'est beaucoup dans la vie d'un homme et c'est pour cela que j'ai longuement hésité.

En outre, il est très important pour moi de m'engager en tant qu'actionnaire, contrairement à ce que j'ai fait chez Wiley. Il faut que je puisse acheter un bloc d'au moins un million d'actions.

— Je te comprends. J'ai moi-même accumulé un certain nombre d'actions, selon mes modestes moyens bien entendu.

J'ai étudié le titre attentivement et j'en ai discuté avec Claude Savard. Il est impossible d'accumuler un tel bloc sur le marché. Le titre ne se transige que sur de faibles volumes, surtout au cours actuel. Tous les actionnaires sont dans l'attente d'un développement quelconque et restent sur leurs positions. Par ailleurs, il serait indécent d'émettre de nouvelles actions. La compagnie est assise sur une encaisse de 45 millions de dollars et évidemment, elle n'a aucun besoin d'argent additionnel. Cela entraînerait une dilution inutile au cours actuel et serait injuste envers les autres actionnaires.

— Il me semble qu'il ne reste qu'une solution; c'est que Michel Laforce me cède une partie de ses actions.

— C'est ce que je pense aussi, dit le Professeur, et pour ton information, dès que tu as accepté le poste, enfin « à moitié » comme tu l'as dit si justement, j'ai essayé d'entrer en contact avec Michel. Jusqu'à présent, pas de nouvelles. Mais comme le dit le dicton : « Pas de nouvelles, bonnes nouvelles »; ne désespérons pas. Maintenant que je sais officiellement que tu es « complètement » président, je vais y mettre toute la gomme. Tu sais que j'ai rendu un fier service à Michel lorsque j'ai accepté la présidence du conseil d'administration d'INTERFORCE. Peu de gens auraient été intéressés à s'impliquer alors que la compagnie était visiblement engagée sur une pente descendante. Étant donné que j'avais également eu Michel comme élève aux HEC, je l'ai fait pour l'aider. Puis il a quitté, il y a deux mois. Il m'en doit bien une. Laisse-moi la tâche de le convaincre!

Puis ils parlèrent de choses et d'autres, surtout du temps de l'université et de ce qu'étaient devenus tel et tel confrères. Le professeur était comme un père pour Alex et ils pouvaient se permettre d'aller plus loin que les banalités des affaires et de l'université.

— Comment vont tes amours? lui demanda à brûle-pourpoint le Professeur.

— C'est un peu comme vous, Professeur. Jusqu'à présent je n'ai été marié qu'avec les affaires. Peut-être qu'un jour je trouverai la perle rare, mais jusqu'à maintenant, c'est tout ce j'ai fait : chercher. Je ne l'ai toujours pas trouvée.

— En tout cas, ne fais pas comme moi; la quête de la perle rare peut durer longtemps.

Alex raccompagna le Professeur à pied jusqu'à son bureau situé dans le Centre International de Commerce, bureau que lui fournissait gracieusement l'un de ses nombreux conseils d'administration. Bien qu'à la retraite, il était là cinq jours par semaine et il avait coutume de dire qu'aujourd'hui, il travaillait beaucoup plus qu'à l'époque où il était professeur et surtout, où il gagnait beaucoup plus.

Le Professeur l'assura qu'il le rappellerait dès qu'il aurait des nouvelles de Michel Laforce.

Sitôt à son bureau, le Professeur envoya un bref courriel à Michel Laforce : « Situation d'urgence. Il faut que je te parle. Montréal 2 PM. J'attends au bureau. Claude Lafond. »

Il savait que Michel Laforce, même s'il se trouvait au bout du monde, répondrait à son message. Il se mit à lire son journal en attendant. Quelques minutes plus tard, le téléphone sonna, mais comme il s'agissait d'une vague connaissance, il s'excusa, prétextant qu'il devait se rendre à un conseil de toute urgence. À quatre heures, le téléphone sonna de nouveau et cette fois-ci c'était Michel Laforce, quelque part en Asie.

— Merci de m'avoir rappelé aussi rapidement, dit le Professeur.

— Oh, vous savez, avec l'Internet, je ne suis qu'à quelques secondes de Montréal et malheureusement, je n'ai pas encore été capable de me débrancher. Mais qu'y a-t-il de si urgent à Montréal?

— Tu sais toutes les démarches que le conseil a entreprises pour te remplacer. Nous pensons avoir trouvé le candidat idéal, Alex Le Grand, celui-là même qui a retourné la situation chez Wiley pour en faire un gros succès. Je viens de dîner avec lui à midi et il est prêt à accepter le poste. Nous nous sommes entendus sur toutes les conditions, mais il reste un point à régler, et il est important.

— Lequel?

— Il accepte de s'engager à la condition d'être actionnaire. Il veut acheter un million d'actions au cours actuel.

— Je ne vois pas le problème.

— Nous avons retourné la situation sous toutes les coutures et nous en sommes venus à la conclusion que le seul qui pouvait vendre un million d'actions sans perturber le marché, c'était toi!

— Mais je ne veux pas vendre un million d'actions à 2 $; elles sont au plus bas.

— Écoute, il est prêt à s'engager pour cinq ans et il a comme objectif de ramener le titre à au moins 10 $; toutes ses options sont basées sur ce titre. Je ne sais pas s'il le réalisera, mais je peux te dire, personnellement, que si un homme peut y arriver, c'est bien lui.

— Mais les vendre à 2 $, c'est impensable! s'indigna Michel Laforce.

— Rappelle-toi les leçons d'un vieux professeur de finance à l'université. Tu as trois millions d'actions qui valent actuellement 2 $. Si la situation perdure, tu risques fort qu'elles restent au même niveau et pire, qu'elles baissent davantage. Si tu en vends un million, il t'en restera deux millions qui auront le potentiel d'exploser advenant qu'Alex Le Grand fasse le travail. D'ailleurs, il aura tout intérêt à le faire puisqu'il sera un actionnaire important. Rappelle-toi la règle de la balance du risque à la baisse et du potentiel d'appréciation.

— Laissez-moi le temps de digérer cela. Je vous

rappelle d'ici une heure.

Une heure plus tard précisément, Michel Laforce rappelait pour lui dire qu'il acceptait et lui donner les coordonnées de son courtier qu'il allait prévenir de ce pas.

Aussitôt, le Professeur appela Alex :

— Tu es l'heureux propriétaire d'un million d'actions d'INTERFORCE à 2 $.

— Comment avez-vous fait?

— Je lui ai rappelé ma théorie du risque et du potentiel. Il s'en est souvenu. Michel est une bonne personne. Je n'ai même pas eu à lui souligner que parmi les risques en cas d'un refus de sa part, il y avait la possibilité de ma démission du conseil.

Chapitre 6

On était au milieu de septembre et un soleil radieux illuminait Montréal. Pas un souffle de vent et une douce chaleur pénétrante; presque le paradis. Mais les gens qui déambulaient ce matin-là en direction de leurs bureaux savaient qu'il fallait en profiter au maximum car bientôt arriveraient les grands vents du nord qui déshabillent les arbres et annoncent l'hiver rigoureux du Québec.

Alex n'ignorait pas que la journée, de même que les mois à venir, allaient être trépidants, mais un curieux mélange, à la fois de fièvre et de calme, le gagnait. Il repassait dans sa tête toutes les tâches qui devaient être exécutées incessamment : l'annonce de sa décision aux employés et un communiqué de presse annonçant sa nomination à titre de président, la préparation des états financiers du troisième trimestre qui se terminerait le 30 septembre, la réunion du prochain conseil d'administration vers le 15 octobre, la transaction d'achat des actions de Michel Laforce, les budgets de chaque division et une foule d'autres préoccupations. C'était trépidant, oui, mais il avait adoré l'exercice chez Wiley. C'était dans sa nature : plus ça bougeait, plus il s'enthousiasmait, et plus il s'enthousiasmait, plus il fallait que ça bouge.

La première chose qu'il fit en pénétrant à son bureau fut d'appeler Madame Mathilde, arrivée à son poste bien avant 8 heures.

— Voilà, c'est fait, j'ai accepté officiellement la présidence hier soir.

— Je suis bien contente car je sens que je vais adorer ce travail. Déjà, j'ai plusieurs petites idées en tête, mais tant que vous n'aviez pas accepté le poste, c'était difficile de les exprimer.

— J'en ai moi-même plusieurs! Mais pour l'instant, commençons par le début. Je veux que vous vous concentriez sur les activités de Longueuil. À plusieurs reprises, Madame Mathilde, vous avez posé des questions sur le service à la clientèle et je crois, moi aussi, que c'est un point essentiel. D'autre part, j'aimerais que vous réfléchissiez à l'éventualité que nous rapatriions toutes les activités sous un même toit, à Longueuil ou ailleurs en banlieue. Ça me trotte dans la tête depuis mon arrivée. Parlez-en discrètement à quelques employés. Finalement, j'aimerais que vous organisiez une rencontre à Longueuil avec le plus grand nombre d'employés possible, vendredi prochain, vers la fin de l'après-midi. C'est à ce moment que je compte annoncer officiellement ma nomination. Entre-temps, je dois m'occuper de nombreux détails en relation avec ma nomination.

À neuf heures précises, il reçut un appel de Michel Loriot, le courtier de Michel Laforce, et convint avec lui de le rencontrer à son bureau au début de l'après-midi. Puis il passa le reste de l'avant-midi en réunion, d'abord avec Claude Savard, puis avec Steve Murray, pour leur annoncer sa décision et préparer le reste de la semaine. Pour des raisons de logistique, Claude Savard lui conseilla d'organiser plutôt deux réunions concernant l'annonce aux employés, l'une au centre-ville et l'autre à Longueuil, tandis que Steve Murray trouva que l'idée de les réunir tous en même temps, au même endroit, était excellente. De toute façon, Alex avait pris sa décision. Il n'y aurait qu'une réunion.

Tout de suite après le dîner, Alex se rendit au bureau de Michel Loriot qui était le courtier de Michel Laforce depuis l'arrivée d'INTERFORCE en Bourse. Comme ils étaient amis depuis de nombreuses années, Michel Laforce lui avait confié ses actions d'INTERFORCE. Ce dernier ne détenait d'ailleurs aucun autre titre dans son portefeuille, à l'instar de beaucoup d'entrepreneurs qui se consacrent exclusivement à leur entreprise. Au fil des ans, il s'était seulement contenté d'en vendre pour pourvoir à ses besoins personnels, mais depuis que le titre s'était engagé sur une pente descendante, il avait évité toute transaction.

— J'ai reçu un coup de téléphone de Michel qui m'a dit qu'il consentait à vous vendre un million d'actions à 2 $, dit Michel Loriot, un monsieur au début de la cinquantaine qui avait œuvré toute sa vie dans le domaine du courtage.

— Effectivement. Je voulais vous rencontrer personnellement pour organiser le tout.

Alex avait amassé un joli magot avec l'exercice de ses options chez Wiley, mais surtout, il avait hérité d'une forte somme à la mort de son grand-père dont il était par ailleurs l'unique héritier. Depuis, il avait peu dépensé, passant la plupart de ses temps libres sur la terre familiale lorsqu'il n'était pas en voyage à l'étranger. Son seul véritable investissement durant toutes ces années avait été l'achat d'un vaste loft dans le Vieux-Montréal qui lui servait de pied à terre entre ses voyages ou lorsqu'il était fatigué de vivre en ermite. Le loft allait lui servir de plus en plus dorénavant.

Maintenant, il avait besoin d'un courtier fiable et discret, non pas pour spéculer, mais parce qu'il avait l'intention d'acheter encore plus d'actions d'INTERFORCE. C'est d'ailleurs la raison pour laquelle il avait insisté de le rencontrer. Dès le premier abord, Michel Loriot lui fit bonne impression.

— Monsieur Le Grand, ceci n'est pas une transaction normale. Aussi, j'ai l'intention de vous facturer le minimum, à vous ainsi qu'à Michel Laforce. S'il n'en tenait qu'à moi, je n'exigerais rien, mais comme je travaille pour une grande banque, je me dois de demander quelque chose. J'ai pensé qu'une somme de 5000 $, de part et d'autre, serait acceptable.

— Pour ma part, je suis tout à fait d'accord.

— En contrepartie, je vais m'occuper de compléter

le rapport d'initiés que vous et Michel Laforce devez soumettre aux autorités de la Bourse. Vous savez que la transaction doit être rapportée d'ici 10 jours.

— Tout ce que je vous demande, c'est de la rapporter la semaine prochaine seulement, une fois qu'on aura procédé à l'annonce de ma nomination aux employés et au grand public. Lorsque j'étais chez Wiley, un avocat-conseil s'occupait de ces détails, mais je préfère que ce soit vous. Dès cet après-midi, je vais aviser ma banque de vous transférer la somme de 3 millions de dollars. Une fois payé le montant dû à Michel Laforce, je veux que vous utilisiez le solde pour accumuler lentement des actions d'INTERFORCE sur le marché, en commençant une semaine après l'annonce de ma nomination. Évidemment, je voudrais que vous vous occupiez dorénavant de remplir et de soumettre tous mes rapports d'initiés aux autorités.

Il avait pris rendez-vous avec Hélène Jolicoeur, membre du conseil d'administration d'INTERFORCE, en fin d'après-midi. Celle-ci était à l'emploi de l'une des plus grandes compagnies d'assurance au Canada, La Canadienne. Malgré son jeune âge, la mi-trentaine, elle s'occupait de toutes les communications et relations publiques de la société. Elle le reçut dans une petite salle de conférence.

Alex l'avait remarquée lors de sa rencontre avec le C.A. Grande et mince, la démarche naturelle et élégante, elle portait à chaque occasion une robe tailleur qui lui donnait davantage l'aspect d'une femme d'affaires. Pour ceux qui la côtoyaient tous les jours, elle dégageait à la fois distinction et réserve, mais ce qui l'emportait chez elle était sa réserve qui pouvait ressembler superficiellement à de la froideur.

Elle avait de longs cheveux noirs qui cascadaient sur ses épaules, rehaussant l'ovale parfait de son visage tel un camée. Mais ce qui avait d'abord frappé Alex était la couleur de ses yeux, d'un gris bleuté lumineux qu'on voit rarement avec un teint méditerranéen. Les deux fois qu'il l'avait rencontrée, Alex avait senti son pouls s'accélérer légèrement.

Avec son physique et sa situation enviable, Alex aurait pu passer pour un bourreau des cœurs, mais il faisait davantage penser à un randonneur avançant prudemment sur une mince couche de glace qui risque de se fendiller à tout moment.

Alex, d'ordinaire très sûr de lui, avait toujours éprouvé une certaine appréhension à dialoguer avec les filles ou les femmes de son âge. Aucun problème avec des femmes plus âgées. Cela datait sans doute de son enfance vécue auprès d'une mère qu'il avait adorée, mais privé d'une sœur. Avec Madame Mathilde, ça avait cliqué immédiatement. Il la considérait comme une mère ou une grande sœur. Mais la plupart du temps, ses échanges avec la gent féminine étaient laborieux et plus d'une fois, il s'était mis les pieds dans les plats en essayant tout bonnement d'être aimable.

— Bonjour, dit Alex, vous me semblez arriver de vacances!

— Je n'ai pas beaucoup de temps pour penser aux vacances ces temps-ci.

— Ah! je croyais qu'avec votre teint tout basané, vous arriviez du sud.

— Oh! ça, je le tiens de ma mère qui est Italienne.

Italienne du sud pour le teint, Italienne du nord pour l'allure, pensa Alex qui se garda bien de s'aventurer plus loin sur ce terrain glissant et revint vite aux choses sérieuses.

— J'imagine que le Professeur vous a prévenue de ma décision.

— Oui, dès la première heure ce matin. Il semblait bien heureux et moi de même. Pour INTERFORCE, il était important qu'une décision soit prise le plus tôt possible.

— Je tenais à vous rencontrer pour préparer le communiqué de presse annonçant ma nomination. Je voulais également avoir votre avis. Voilà. Je tiens à rencontrer la plupart des employés vendredi soir à Longueuil pour leur apprendre personnellement ma nomination. Évidemment, les membres du conseil sont invités.

— Malheureusement, je ne pourrai pas être présente. J'ai une réunion importante ici même vendredi après-midi. Mais je vais m'occuper de rédiger le communiqué de presse. Je suggère qu'il soit très succinct, se limitant à annoncer votre nomination à compter de maintenant, avec un bref rappel de Wiley, et comme contacts vous ainsi que Claude Savard pour plus de détails. Je le transmettrai à la firme de communications qui s'occupera de le mettre sur fil de presse vendredi en fin de journée.

Alex pensa que c'était exactement ce qu'il désirait et qu'il n'avait pas même eu besoin de l'exprimer. Hélène poursuivit.

— Pour les communiqués de presse, je vais vous décharger de cette tâche et continuer de m'en occuper si vous le voulez bien. Quant à la réunion de vendredi avec les employés, je crois que c'est une excellente idée. Si vous voulez mon avis, faites-la courte et peu formelle. Servez des sandwichs, des amuse-gueule et des rafraîchissements, et après profitez-en pour rencontrer le plus grand nombre d'employés. À ce sujet, je suggère que tous les employés, sans exception, assistent à la réunion.

— J'avais pensé en garder un nombre suffisant pour répondre aux clients ou aux urgences.

— On est mardi. Vous pouvez prévenir verbalement tous les clients en plus d'afficher sur le site Internet que les bureaux seront exceptionnellement fermés vendredi, de 16 h 30 à 18 h 30, question d'améliorer le service et de procéder à des réaménagements. Ce ne sera pas mentir puisque c'est là le but réel de la réunion.

Tout était dit. Alex lui offrit d'aller prendre une consommation dans un bar situé à proximité.

— Je vous remercie, mais j'ai encore beaucoup de travail. Ce sera pour une autre fois. Quant aux communiqués, vous pouvez compter sur moi. Je vais m'en occuper à l'avenir. C'est un peu ma spécialité.

Chapitre 7

Le troisième trimestre du 30 septembre allait se terminer la semaine suivante et pour Alex, le temps était venu de passer aux choses sérieuses. Il n'y avait pas de temps à perdre parce qu'à compter de maintenant, les résultats dépendraient de lui. Bons ou mauvais, quelles que soient les raisons, ce serait sa responsabilité, son entière responsabilité, et il n'était pas du genre à invoquer des motifs ou des excuses pour se justifier.

De tous les enseignements qu'il avait reçus des professeurs qui l'avaient influencé à l'université, un l'avait marqué particulièrement, comme au fer rouge; cet enseignement, c'était le Professeur Lafond qui le lui avait prodigué.

On apprend beaucoup de choses à l'université, on potasse bien des matières, on examine bien des cas, mais au bout du compte, ce n'est que beaucoup plus tard qu'on réalise que tout cela servait en réalité à modeler le cerveau, à raffiner le raisonnement, à réfléchir lorsque confronté à des situations nouvelles. L'étudiant est comme une éponge qui absorbe, ou plutôt comme un alambic qui distille, purifie et extrait la substance.

Le Professeur avait coutume de lancer, à brûle-pourpoint, la question suivante à ses élèves, un exercice qu'il se plaisait à répéter plusieurs fois durant les années d'université :

— Qu'est-ce qui influence un titre à la Bourse? Nommez-moi tous les facteurs, positifs ou négatifs, susceptibles de faire varier un titre et son cours.

Et certains de répondre :

— Une acquisition!

— Une percée importante dans un marché!

— Une invention, un nouveau produit!

— Une grève, un incendie.

— L'annonce de meilleurs ou de moins bons résultats.

— Un partenariat ou une licence avec une multinationale.

— Des déclarations d'initiés!

— Des achats importants d'un nouvel actionnaire ou des ventes subites.

Et la litanie de réponses continuait de défiler.

Puis, le Professeur demandait à sa classe aussi fébrile qu'attentive :

— Maintenant, nommez-moi la seule et unique chose qui, en dernier ressort, fait monter ou descendre un titre.

La classe devenait subitement muette. Enfin, le plus hardi se lançait.

— C'est la loi de l'offre et de la demande. Plus il y a d'acheteurs, plus le titre monte. Plus il y a de vendeurs, plus le titre baisse.

— Excellent! répondait le Professeur. Mais rappelez-vous que j'ai dit « en dernier ressort ».

Le silence tombait de nouveau.

— En dernier ressort, disait enfin le Professeur, il n'y a qu'une seule et unique chose qui fasse monter ou descendre un titre à la Bourse : les profits ou l'absence de profits. Vous feriez bien de vous en rappeler toute votre vie.

Et puisque j'ai bien dit « en dernier ressort », pour être conséquent, il faut aller au bout de l'exercice : ce sont les profits et la croissance des profits qui font monter un titre.

Faites l'exercice. Examinez tous les titres qui ont été des succès boursiers sur une période de dix ou vingt ans. Vous constaterez qu'ils ont tous un élément en commun, peu importe les incidents de parcours : les profits et la croissance des profits. Je ne saurais trop insister sur l'importance de vous en rappeler; la plupart des investisseurs et même, vous serez peut-être surpris de l'apprendre, la plupart des dirigeants d'entreprises publiques ne le savent pas ou ne l'ont jamais compris.

Alex, lui, s'en était toujours souvenu et ça avait été la clé de son succès chez Wiley, un succès qu'il entendait réitérer chez INTERFORCE.

Cette semaine-là, il rencontra à plusieurs reprises Claude Savard avec qui il eut de nombreuses discussions dans le but de faire le point.

— Le troisième trimestre prend fin cette semaine,

dit Alex. Que disent les chiffres?

— Ça ressemble beaucoup au deuxième trimestre. Les ventes sont en légère régression et on devrait être près du point mort. C'est bien simple, malgré tous les efforts, à chaque trimestre les résultats sont une copie conforme du précédent depuis maintenant un an et demi.

— À partir de la semaine prochaine, les résultats deviennent ma responsabilité et j'ai l'intention que ça change.

Même si, en plus d'être son subalterne, Claude Savard était dans la jeune cinquantaine, Alex ne parvenait pas encore à le tutoyer.

— Dites-moi, aux meilleurs jours, à combien se chiffraient les profits maximum d'INTERFORCE?

Alex lui posait la question même s'il connaissait parfaitement la réponse.

— Lors de la bulle technologique, nos profits ont atteint 0,60 $ par action et le titre s'est échangé jusqu'à vingt fois les profits pour atteindre 12 $.

— Qu'est-ce qui a fait que nos profits ont fondu?

— C'est bien simple, on a graduellement perdu des abonnés.

— Oui, de rétorquer Alex, la perte de nos abonnés peut s'expliquer en partie par l'éclatement de la bulle technologique, mais les besoins des abonnés sont toujours là. Je dirais même qu'ils sont encore plus criants. D'une part, nos abonnés sont aux prises avec des stocks importants et ils ont besoin de liquidités.

Nos services devraient donc être encore plus essentiels pour eux, sans compter que le coût d'un abonnement est dérisoire par rapport à ce que le client peut en retirer. D'autre part, l'Internet et les télécommunications sont en explosion et les compagnies ont un besoin grandissant de pièces et de composantes. On devrait trouver de plus en plus d'abonnés du côté des acheteurs.

— Ça peut paraître comme ça, mais la réalité est tout autre.

— Vous savez sans doute, ou je vous l'apprends à l'instant, qu'en acceptant le poste de président, je suis également devenu actionnaire. Pour faire un succès d'INTERFORCE, je veux penser et agir comme un actionnaire. Le titre est à 2 $ présentement et la seule chose qui le maintient là est l'encaisse de 1,50 $ par action. Le marché attribue une valeur de seulement 0,50 $ à une entreprise qui existe depuis dix ans, dont les employés sont compétents et dévoués, et qui possède un réseau mondial de 10 000 abonnés. À mon avis, c'est inacceptable! Et j'ai l'intention de changer ça. Écoutez-moi bien. Le titre se négocie à 2 $ actuellement. Il devrait justifier un cours/bénéfice d'au moins dix fois. J'ai décidé d'envisager le problème à l'envers. En procédant ainsi, ce sont des profits de 0,20 $ par action qu'il faudrait viser pour l'an prochain, si on oublie l'encaisse comme l'oublie le marché actuellement.

— Mais c'est insensé!

— Ce n'est pas insensé. J'ai dit « qu'il faudrait

viser » 0,20 $ l'an prochain. J'ajoute maintenant que nous réaliserons 0,20 $ l'an prochain. Nous le devons à nos actionnaires et à nos employés. Et si on n'y arrive pas, mon nom n'est pas Alex Le Grand. Mais entendons-nous bien; ce n'est pas un vœu pieux, ni une vue de l'esprit. Même si l'exercice a déjà été fait, je veux qu'on réexamine toutes les dépenses, une à une, division par division. Surtout, je veux qu'on analyse les revenus et le nombre d'abonnés de chaque division, le taux de rétention, les marges, enfin tout ce que l'on doit mettre en place pour augmenter les revenus des divisions. En fait, je veux qu'on prépare un « tableau de bord » pour chaque division.

— Tout cela est possible! On peut mettre tous les systèmes en place, mais sans vouloir me montrer pessimiste, je crois que c'est peine perdue. On a déjà tenté bien des choses, mais jusqu'à aujourd'hui, en vain.

— Écoutez, je vais vous surprendre encore plus. Ce n'est pas vraiment 0,20 $ que je vise, mais bien de revenir aux profits de 0,60 $ ou plus d'ici cinq ans. Je ne sais pas encore comment je vais y parvenir; l'avenir nous le dira. C'est néanmoins le but que je me suis fixé lorsque j'ai accepté la présidence. Lundi prochain, je veux qu'on se mette à l'œuvre car dès le quatrième trimestre, je m'attends à ce qu'on commence à entrevoir mon objectif de l'an prochain.

Claude Savard fut quelque peu désarçonné par

ce qu'il venait d'entendre. En son for intérieur, il se demandait s'il avait affaire à un farfelu ou à un obstiné.

De toute façon, son esprit était rempli de doutes et il était loin d'être convaincu.

Chapitre 8

Pendant ce temps, Madame Mathilde avait établi son quartier général à Longueuil, non seulement en prévision de la réunion du vendredi, mais aussi parce qu'elle sentait d'instinct que c'était là que tout allait se passer. Si c'était au siège social que les fonctions administratives, d'une importance capitale, étaient concentrées, c'est néanmoins à Longueuil que le contact essentiel avec les clients se faisait. Avec une petite armée de 300 personnes, en majorité des femmes, c'était là que l'on gagnait ou perdait des abonnés, que le succès ou l'échec de l'entreprise se jouait. Madame Mathilde l'avait senti dès le premier jour.

Situés près d'une autoroute, les bureaux qu'INTERFORCE louait à Longueuil étaient faciles d'accès pour les employés qui pouvaient s'y rendre en empruntant les transports en commun, un facteur déterminant dans le choix de l'emplacement dix ans auparavant. Le bâtiment avait précédemment servi d'entrepôt, avec des bureaux en façade et une surface d'entreposage à l'arrière. INTERFORCE avait converti toute la partie arrière en bureaux à cloisons où s'affairaient les téléphonistes et les préposés au service. En avant, les bureaux avaient été réservés au personnel informatique et au personnel administratif. La compagnie disposait d'amplement d'espace, le nombre d'employés ayant diminué quelque peu ces dernières années.

Madame Mathilde comprit très tôt que la vraie patronne à Longueuil était Maria Sanchez, une immigrante mexicaine entrée au service d'INTERFORCE dès le début. Maria avait été engagée parce qu'elle parlait l'espagnol, à un moment où le nombre d'abonnés parlant cette langue augmentait rapidement. Elle avait vite été remarquée par l'ex-président, Michel Laforce, qui lui avait fait gravir rapidement les échelons. Au départ de ce dernier, elle était devenue de facto la grande patronne à Longueuil.

Maria Sanchez dirigeait aussi bien les téléphonistes que les informaticiens et le personnel administratif. Elle était petite et vive, une véritable boule d'énergie, et même si elle les bousculait constamment, tous semblaient l'aimer beaucoup. Elle avait conservé un fort accent, mais n'avait aucune difficulté à se faire comprendre. Elle interpellait les gens par leurs prénoms à longueur de jour et son humeur était toujours joyeuse et empreinte de chaleur.

Entre Madame Mathilde et elle, les flammèches auraient pu voler car elles affichaient le même tempérament fonceur et bagarreur, mais au contraire, elles avaient sympathisé tout de suite. Toutes deux issues de milieux modestes, elles savaient mieux que quiconque qu'il fallait se serrer les coudes et resserrer les rangs pour avancer.

Madame Mathilde lui expliqua qu'on voulait organiser la réunion de vendredi après-midi dans la grande salle des téléphonistes et qu'Alex Le Grand insistait pour que tous les employés soient présents.

— Ce ne devrait pas être un problème, répondit-elle. Ça va me rappeler les fêtes qu'on organisait à Noël dans les premiers temps d'INTERFORCE et qu'on a dû abandonner ces dernières années parce que ça devenait trop compliqué.

— On a pensé prévenir tous les abonnés que les bureaux seraient officiellement fermés à compter de 16 h 30 jusqu'à 18 h 30 pour des raisons de service et d'informatique, et notamment pour introduire une nouvelle composante. La nouvelle composante étant bien sûr Alex Le Grand.

Les deux femmes se mirent à rire ensemble.

— Je m'occupe de tout, dit Maria Sanchez. C'est une excellente idée et ça va remonter le moral des troupes qui, il faut l'avouer, n'est plus ce qu'il était avant le départ de Monsieur Laforce.

Nous avons un vieil employé, Léonce Ménard, qui s'occupe de l'entretien. Il est très habile en menuiserie et je vais lui demander de préparer une petite estrade dans un coin d'où Monsieur Le Grand pourra s'adresser aux employés. Vous allez voir que c'est tout un personnage, Léonce Ménard, lorsque vous ferez sa connaissance.

— Maria, au fait, vous permettez que je vous

79

appelle Maria?

— Bien sûr, Mathilde.

— J'ai besoin d'un conseil. Qui, croyez-vous, devrait présenter Alex Le Grand lors de la réunion? J'ai pensé à Claude Savard, à Steve Murray ou à Claude Lafond, le président du conseil.

— C'est une bonne question. Pour ma part, j'éliminerais Claude Savard. Il ne semble pas cliquer avec les employés. Depuis le départ de Michel Laforce, qui était très apprécié des employés, il est venu à plusieurs reprises à Longueuil. Je dirais au moins deux fois par semaine. Mais il agissait comme un général qui passe ses troupes en revue. Le courant ne passait pas. Si vous voulez mon avis, il semblait s'intéresser davantage aux jolies filles qu'aux affaires.

Quant à Claude Lafond, on le connaît très peu, même s'il semble très sympathique. Selon moi, ce devrait être Monsieur Steve. Il est chez INTERFORCE depuis le début et les employés l'aiment bien.

— Va pour Steve Murray. Je vais lui en glisser un mot; ce ne devrait pas être un problème. Quant à Claude Savard, je crois qu'il va être content de ne pas avoir à présenter Alex Le Grand. Après tout, il avait peut-être espéré devenir le prochain président.

Pour changer de sujet, comment trouvez-vous les installations ici à Longueuil? Monsieur Alex songe éventuellement à rapatrier tous les effectifs sous un même toit.

— Ce ne serait pas une mauvaise idée, mais je ne crois pas que les employés apprécieraient d'être déplacés ailleurs, du moins trop loin d'ici. Au fil des ans, la plupart se sont installés en banlieue à proximité. Même s'ils sont assez bien payés, ils ne roulent pas sur l'or. De plus, ils aiment bien l'endroit et apprécient qu'il soit proche de leur domicile.

Du point de vue de la compagnie, le seul véritable problème est le propriétaire de l'immeuble, Monsieur Rinaldi. Depuis qu'INTERFORCE a emménagé dans ces locaux il y aura bientôt dix ans, je ne crois pas qu'il a mis un seul sou dans l'édifice. À tel point que lorsqu'il y avait un entretien quelconque ou une réparation urgente à effectuer, Monsieur Laforce avait renoncé à l'appeler. C'est d'ailleurs l'une des raisons pour lesquelles il avait engagé Léonce Ménard. Sinon on aurait attendu des mois pour une simple réparation de toilette. Rinaldi possède plusieurs bâtisses industrielles en banlieue et on dit qu'il a bâti sa fortune sou par sou. C'est un véritable grippe-sou. Notre bail se termine le printemps prochain. Si on décidait de partir, il faudrait lui donner trois mois d'avis, sans quoi le bail serait automatiquement renouvelé pour cinq ans. S'il n'en tenait qu'à moi, j'aimerais bien qu'on ne renouvelle pas; ce serait une bonne leçon pour ce Rinaldi. Il faudrait toutefois trouver autre chose dans les environs.

Puis, elles discutèrent de choses et d'autres. Naturellement, sans même s'en rendre compte, elles passèrent du vouvoiement au tutoiement.

— Maria, dit Madame Mathilde, toi qui es ici depuis le début, qui as occupé tous les postes, qui as connu l'euphorie puis le calme plat au sein de l'entreprise, dis-moi, qu'est-ce que ça prendrait pour revenir aux beaux jours?

— Écoute, Mathilde, je ne suis pas une experte en affaires. Je n'ai jamais suivi le titre à la Bourse et je n'ai jamais acheté une action car je devais avant tout faire vivre ma famille. Mais je croyais sincèrement qu'INTERFORCE allait bien, même si ce n'était plus comme autrefois.

Je sais que le départ de Michel Laforce a provoqué un choc chez les employés, d'autant plus qu'on ne savait pas qui allait le remplacer. Les affaires ont continué à rouler, on a perdu des abonnés, mais on en a gagnés aussi beaucoup. Sincèrement, je croyais que la compagnie faisait de l'argent.

— Ce n'est pas le cas. La compagnie n'a fait aucun profit depuis maintenant deux ans. Bien sûr, elle ne perd pas d'argent, mais ça ne peut pas continuer ainsi. Monsieur Alex est bien déterminé à changer la situation, mais comment?

Chapitre 9

Le jeudi soir avant la réunion, Alex arriva à son loft vers 18 heures. C'était un magnifique condo situé au dernier étage d'une ancienne bâtisse de pierre qui avait été construite plus d'un siècle auparavant dans ce qui était à l'époque le quartier de la finance et des affaires de Montréal. La « vieille dame » avait gardé un air de distinction qui avait plu immédiatement à Alex lorsqu'il l'avait visitée quelques années plus tôt. Le prix l'avait certes fait sourciller, mais la beauté des lieux l'avait convaincu de franchir le pas et d'apposer sa signature au bas de l'acte d'achat. Il s'était dit qu'un tel endroit ne pourrait que prendre de la valeur avec le temps, ce qui avait été le cas car le marché immobilier montréalais rattrapait petit à petit ceux de Vancouver et de Toronto. Un tel appartement aurait facilement valu le double dans ces villes et probablement dix fois plus à Paris ou à New York.

Alex avait pris soin de s'arrêter au restaurant Le Szechuan, rue Notre-Dame, un de ses restaurants favoris à Montréal, où il s'était fait préparer quelques-uns des petits plats qui faisaient la renommée de l'établissement. Pour regagner son appartement, il emprunta un ascenseur orné de laiton et de fer forgé qu'on avait installé quelque 50 ans plus tôt à la place d'un ancien monte-charge. Grâce à une clé exclusive, l'ascenseur montait tout droit au loft. Il était seul à y avoir accès, à l'exception d'une femme de ménage qui venait deux fois par mois.

Le loft occupait plus de 400 mètres carrés. Aménagées sur les quatre faces de l'édifice, d'immenses baies vitrées procuraient, au sud, une vue à couper le souffle sur le port de Montréal, et au nord, sur le Mont-Royal et sa croix illuminée. Le reste de l'appartement était en briques d'argile anciennes qui donnaient à l'ensemble beaucoup de cachet et d'atmosphère. L'aménagement intérieur était par ailleurs entièrement à aires ouvertes avec pour seules séparations des plantes en pot, certaines touchant au plafond. Dans un coin, des cloisons isolaient les toilettes et le bain tourbillon en marbre du reste de l'appartement.

Malgré la majesté et la chaleur de l'endroit, Alex lui avait toujours préféré la terre familiale et par conséquent, il ne l'utilisait pas autant qu'il l'aurait voulu. Au cours des dernières années, il avait eu deux ou trois conquêtes féminines, mais lorsqu'il s'apercevait qu'elles étaient toutes plus ou moins allergiques au grand air, ou du moins à la campagne, les choses s'arrêtaient là. Cependant, ces dames avaient poussé un ouf admiratif en franchissant la porte de l'ascenseur, ce qui avait indéniablement favorisé les desseins sentimentaux d'Alex.

Ce soir-là toutefois, il devait vite passer aux choses

sérieuses. Il savait que la réunion de vendredi serait déterminante dans le cours de l'histoire de la compagnie. Après avoir dégusté ses mets szechuanais, arrosés de deux verres d'un excellent Chablis premier cru, il passa à l'action.

À part ses ouvertures sur Montréal et les environs, ce qui lui avait plu dans l'appartement était le fait qu'il pouvait marcher de long en large sans interruption, tout en bénéficiant d'une vue magnifique. Il se remémora sans mal les conseils d'Hélène Jolicoeur à l'effet qu'il devait se montrer à la fois bref et chaleureux dans son allocution.

Alex n'était pas ce qu'on pouvait appeler un éminent orateur, mais il possédait une certaine aisance et un talent certain pour s'adresser à des groupes ou à des assemblées. Il avait développé ce talent au gré des présentations qu'il avait faites à l'université et notamment, à l'occasion des assemblées annuelles chez Wiley.

Ce qui passait pour de la facilité aux yeux des autres, avait en fait été préparé de longue date, comme le sont la plupart des activités artistiques, sportives ou autres. De fait, ce qui paraît aisé est souvent le fruit d'un long apprentissage. Pour que le grain du bois soit soyeux, il faut le poncer longuement et méticuleusement.

Alex se souvenait de la première présentation qu'il avait dû donner à l'école secondaire. Il était tellement nerveux qu'il avait demandé à son grand-père d'écouter sa présentation et de lui dire ce qu'il en pensait. Il avait écrit son texte, dont il n'était pas peu fier, et l'avait déclamé devant son grand-père. Il se souvenait fort bien qu'après l'avoir récité du début à la fin, il lui avait demandé son opinion. Ce dernier s'était levé, quelque peu cérémonieusement. S'approchant d'Alex, il lui avait pris les feuilles des mains et, sans dire un mot, les avait déchirées soigneusement en mille morceaux. « C'est très bien », avait-il dit alors.

Pas un autre mot n'avait été prononcé, mais Alex avait parfaitement compris le message. Encore aujourd'hui, il était toujours étonné d'entendre à la télé ou ailleurs, des personnalités importantes lire des textes qu'elles auraient pu ou dû réciter facilement de mémoire. Ces textes n'étaient vraisemblablement pas de leur cru, de sorte que leurs mots sonnaient faux et manquaient de chaleur.

Quant à Alex, il lui suffisait de mémoriser quelques points saillants, quelques statistiques importantes ou même une anecdote. Une fois lancé, il pouvait discourir à volonté, avec intelligence et naturel. Ce qui semblait ardu à d'autres, coulait de source chez lui.

Ce soir-là, il arpenta le plancher pendant deux bonnes heures, s'interrompant seulement à quelques reprises pour prendre une note ou deux. Vers 21 heures, un sourire satisfait sur les lèvres, il se coucha. Il était prêt.

Le lendemain, Alex se présenta vers 15 h 30 à Longueuil, question de s'assurer que tout était en place pour la réunion.

Il se dirigea vers un coin de la grande salle où s'affairait en sifflotant Léonce Ménard, l'homme à tout faire de la compagnie.

— Bonjour patron, comment trouvez-vous ma dernière invention?

Il avait fabriqué une petite estrade qui s'insérait parfaitement dans le coin.

Alex fit lentement le tour de l'estrade fabriquée en planches d'érable; l'exécution révélait indiscutablement la touche d'un artisan. À l'avant, Léonce Ménard avait ajouté une jupe de velours rouge qui donnait à l'ensemble un petit air de cérémonie.

— Regardez patron, j'ai posé deux roues à l'arrière qui permettent à un homme seul de déplacer l'estrade à volonté. Quand il vous prendra l'envie de faire d'autres discours, vous n'aurez qu'à me le dire. Ça prend cinq minutes à installer, dit Léonce avec sa bonhommie coutumière.

— Je dois vous féliciter. Je n'aurais pu demander mieux. C'est véritablement l'œuvre d'un pro.

— Ah, comme disait ma mère, « On ne fait pas du verre taillé avec de la cruche », rétorqua Léonce en éclatant de rire.

Alex apercevait les longues tables où allait être servi le buffet que Maria Sanchez avait confié aux soins de Louise Allard, Traiteur, une petite firme réputée de la Rive-Sud.

Puis voyant entrer le Professeur Lafond, Alex se dirigea vers lui.

— Il faut que je vous parle avant mon allocution. J'ai pensé offrir à tous les employés la possibilité de devenir des actionnaires. La compagnie rembourserait 10 % de leurs achats jusqu'à concurrence de 1000 $ par employé. Cependant, je n'ai pas eu l'occasion d'en parler au conseil d'administration.

— C'est une excellente idée, répondit le Professeur, et au demeurant tu n'avais pas besoin de notre approbation. Au pire, cette dépense coûtera 300 000 $, mais ce sera formidable pour les employés et leur fonds de pension.

Les autres membres du conseil, Me Longtin, Jacques Lacasse et Paul Cadieux, arrivèrent et Alex alla les saluer. Hélène Jolicoeur lui avait fait parvenir plus tôt un courriel d'encouragement avec ces simples mots : bref, naturel et bonne chance.

Madame Mathilde était là, ainsi que Maria Sanchez. Toutes deux jetaient un dernier coup d'œil aux préparatifs. Quinze minutes avant la présentation, les employés firent graduellement leur entrée dans la salle.

Il était presque 16 h 30. Steve Murray vint le voir pour le prévenir qu'il était prêt. Il ne manquait plus que Claude Savard, mais ils le virent enfin apparaître dans le fond de la salle. Steve se dirigea vers l'estrade. Prenant le micro, il commanda le silence.

— Mesdames et messieurs, comme vous le savez,

nos bureaux sont fermés pour les deux prochaines heures. Il s'agit d'une mesure exceptionnelle et à ma connaissance, c'est la première fois que cela se produit chez INTERFORCE. Mais l'occasion méritait cette exception puisque j'ai l'honneur de vous présenter celui qui va succéder à notre estimé président-fondateur, Michel Laforce. Autrefois, il a été le président de Wiley, une entreprise qui a connu un succès enviable. J'ai eu le plaisir de faire plus ample connaissance avec lui au cours des dernières semaines et je suis convaincu qu'il pourra faire de même pour INTERFORCE. Sans plus tarder, permettez-moi de vous présenter notre nouveau président, Alex Le Grand.

Alex monta sur l'estrade et parcourut la salle des yeux, s'assurant que chaque personne comprenne qu'il s'adressait personnellement à elle.

— On m'a suggéré d'être bref et en regardant le magnifique buffet qui nous attend, je ne peux qu'être d'accord. Nous n'aurons pas trop de deux heures pour y faire honneur.

Un léger murmure d'approbation accompagna ses paroles.

— Mais comme vient de le dire Steve, cette occasion marque un moment important dans la vie d'INTERFORCE et je voulais m'adresser à vous pour le souligner. Tout d'abord, je me dois de remercier Michel Laforce, le président-fondateur, qui a mené les destinées de l'entreprise depuis les débuts jusqu'à ce jour, recrutant plus de 10 000 abonnés à travers le monde et s'adjoignant une force de plus de 350 personnes dévouées. En me confiant le poste de président, le président du conseil d'administration, le Professeur Claude Lafond, et les autres membres du conseil, Me Eric Longtin, Messieurs Jacques Lacasse et Paul Cadieux, que je salue ici, me font un grand honneur, mais ils me lancent aussi un défi de taille que je compte relever grâce à vous. Madame Hélène Jolicoeur, également membre du conseil, ne pouvait malheureusement pas être des nôtres cet après-midi.

Même si on m'a suggéré d'être bref, je dois néanmoins profiter du moment pour vous faire part de ma vision d'INTERFORCE, comme de toute autre entreprise d'ailleurs. Je prends la direction d'INTERFORCE un peu comme s'il s'agissait d'un adolescent plein de promesse, que je dois mener au stade adulte en comptant sur l'aide de son entourage, en l'occurrence vous. On pourrait comparer une entreprise comme INTERFORCE à un noyau constitué de trois atomes : les employés, les clients et les actionnaires. Dans certains cas, on pourrait ajouter les fournisseurs, mais pas ici. Quel atome est le plus important? Je ne saurais le dire. Par contre, ce que je sais sans l'ombre d'un doute est que ma tâche est d'accorder autant d'importance à l'un qu'à l'autre.

N'oubliez jamais que si vous êtes heureux ici, les clients, et éventuellement les actionnaires, le seront également. Le noyau qu'est l'entreprise pourra alors prospérer. Vous me pardonnerez de revenir souvent là-dessus à l'avenir, mais ce sont les vérités les plus simples qu'on a le plus tendance à oublier. Je suis ici depuis peu, mais j'ai la conviction que tous ensemble, nous parviendrons à faire de cette compagnie un immense succès.

Maintenant, permettez-moi de prendre quelques instants pour souligner la présence de deux femmes exceptionnelles, Mathilde Hardy, mon assistante, et Maria Sanchez, que vous connaissez tous. N'hésitez pas à les consulter, à leur demander conseil au besoin, ainsi qu'à moi-même. Nos portes seront toujours ouvertes. En fait, des portes, il n'y en aura pas.

En terminant, n'attendez pas de moi de grands changements. L'entreprise va bien, mais elle pourrait aller encore mieux pour le plus grand bénéfice de tous. J'appartiens à la catégorie des gestionnaires « aux petits pas » : un pas à la fois, petit à petit, mais toujours en avant.

Avant de vous libérer, il y a deux nouvelles dont je voudrais vous faire part. En premier lieu, la compagnie encouragera les employés à devenir actionnaires selon leurs moyens. À partir d'aujourd'hui, INTERFORCE contribuera 10 % à tout achat d'actions effectué par un employé, jusqu'à concurrence de 1000 $ par employé, et ce chaque année. J'aimerais de plus que vous sachiez qu'en devenant président, je suis moi-même devenu un actionnaire important.

En second lieu, je songe sérieusement à rassembler tout le personnel sous un même toit, ici même à

Longueuil, ou à proximité.

Ces dernières paroles mirent du temps à faire leur chemin dans l'esprit des gens. Une fois le premier choc passé, une employée commença à applaudir lentement, puis une autre, et bientôt des applaudissements fusèrent de toutes parts. Alex attendit quelques secondes avant d'ajouter :

— Merci, je crois que vous avez répondu aux questions que je me posais. Mais j'avais dit que je serais bref. Sans plus attendre, attaquons-nous à ce superbe buffet et fêtons le succès futur d'INTERFORCE.

Le Professeur fut le premier à le féliciter.

— Je vois que tu n'as pas perdu la main. Tu as pris tout un départ.

Alex passa l'heure suivante à serrer la main de tous les employés en compagnie de Madame Mathilde. Cette dernière eut tout de même le temps de remarquer que Claude Savard était engagé dans une conversation très animée avec une employée dans un coin de la salle. Puis à 18 h 30, sur un mot de Maria Sanchez, ceux qui travaillaient reprirent leur poste et les autres rentrèrent à la maison.

Le communiqué de presse laconique sortit sur le fil de presse en fin de journée :

« Le Professeur Claude Lafond, président du conseil d'administration d'INTERFORCE, a le plaisir d'annoncer la nomination immédiate d'Alex Le Grand au poste de président de la firme. Monsieur Le Grand succède au président-fondateur, Michel Laforce, qui s'est retiré pour des raisons personnelles. Alex Le Grand a précédemment été le président de Wiley Corp. Pour plus d'information, veuillez communiquer avec Monsieur Alex Le Grand, président, ou Monsieur Claude Savard, vice-président - finances. »

L'incident s'était passé quelques années plus tôt.
Alex marchait déjà depuis quelques heures. Le sentier
longeait un fossé à moitié rempli d'eau. On était alors
au début du printemps et, ça et là, sous un soleil radieux
mais encore bas, persistaient des éclats de neige au
pied d'un arbre ou dans de légères dénivellations. Le
fond de l'air recelait encore des relents d'hiver, surtout
à l'ombre, mais au soleil, les primevères forçaient le
sol, annonçant l'arrivée définitive du printemps.

Alex ne l'aurait pas vu si un écureuil, la tête en bas
sur un vieux tronc d'arbre, comme pour lui indiquer
la chose, ne l'avait averti de sa présence. Il s'agissait
d'un faon du printemps, son pelage fauve parsemé de
taches brunes. Il était ravissant comme le sont tous
les êtres naissants, même les plus grands fauves ou les
bêtes féroces.

Le premier réflexe d'Alex avait été de sauter le fossé
pour aller vers le faon. Mais il s'était retenu. Il avait
lu, ou peut-être lui avait-on dit, qu'à leur naissance les
faons étaient recouverts d'une substance protectrice
qui les empêchait de dégager toute odeur, les proté-
geant ainsi des loups, des coyotes et des renards. Il leur
suffisait de rester complètement immobile pour éviter
d'alerter un prédateur. Celui-là était totalement immo-
bile; aucun souffle, aucun clignement des yeux, aucun
tressaillement. Peut-être la mère, elle aussi immobile,
se trouvait-elle à l'arrêt tout près.

Alex avait décidé de poursuivre sa marche en se
disant qu'il reviendrait le lendemain voir si le faon

avait survécu ou non. *Le lendemain, il avait retrouvé facilement le vieil arbre au pied duquel il avait observé le faon.* Il n'était plus là; ne subsistait plus l'ombre d'une trace. *Avait-il suivi sa mère une fois l'alerte passée?* Avait-il été tiré dans les bois, la nuit venue, par un coyote pour être dévoré?

La vie, la mort, le succès ou l'échec, tiennent souvent à un fil. Mais qui donc tire les ficelles?

Deuxième partie

La course

« *Je crois sincèrement à la chance,
et je trouve que plus je travaille,
plus j'en ai.* »

Stephen Leacock

Chapitre 10

Il était dorénavant clair dans l'esprit d'Alex qu'il fallait réunir toutes les activités en un seul et unique endroit. Maintenir le siège social au centre-ville était coûteux, presque un demi-million de dollars quand on ajoutait les extras, mais surtout il sentait que ce n'était pas sain pour le moral des troupes. S'il voulait réussir son projet, il fallait que l'équipe au complet soit réunie sous un même toit. La réaction des employés de Longueuil lors de la réunion du vendredi précédent avait été plus que convaincante. Mais l'entrepôt de Giuseppe Rinaldi était-il le meilleur endroit?

Le lundi matin suivant, il était au travail de très bonne heure. Premier point à l'ordre du jour : parcourir l'entrepôt de long en large. La bâtisse était indiscutablement bien située, à la croisée de deux autoroutes principales. Non seulement se trouvait-elle à proximité du domicile d'un bon nombre d'employés, mais elle était aussi très visible pour le public, un avantage dont INTERFORCE n'avait pas tiré bénéfice à ce jour, comptant surtout sur le centre-ville pour se faire connaître. Évidemment, c'était logique car INTERFORCE évoluait à l'échelle de la planète. Toutefois, faire connaître INTERFORCE et accroître sa notoriété localement n'était pas pour déplaire à Alex et figurait donc dans ses plans.

Beaucoup d'employés le saluèrent et, malgré l'heure matinale, tous étaient déjà fort affairés. Dans le fond de la salle, Léonce Ménard était occupé à replacer les équipements qui avaient servi à la réunion du vendredi.

— Salut patron! le salua-t-il avec bonne humeur. Je suis en train de faire disparaître les dernières traces de la réunion. Parlant de traces, laissez-moi vous dire que vous en avez laissées chez les employés.

— Je suis bien content que ça leur a plu. Mais il faut battre le fer quand il est chaud. J'aimerais que vous veniez me rencontrer à mon bureau vers neuf heures. J'aurais besoin de quelques conseils.

— Je vais être là sans faute, d'autant plus que j'ai aussi besoin de quelques conseils et je n'osais pas vous déranger.

Alex se dirigea vers le bureau qu'il partageait avec Madame Mathilde depuis la semaine dernière. L'arrangement n'était pas idéal, mais tant qu'une décision finale ne serait pas prise, c'était suffisant et convenable.

— Madame Mathilde, je suis de plus en plus convaincu qu'il faut réunir toutes les opérations sous un même toit. Je sens qu'il en va de l'avenir de la compagnie.

— Depuis que j'ai discuté avec les employés, j'en suis également convaincue, mais est-ce ici le bon endroit? Il va falloir faire de nombreuses rénovations car Giuseppe Rinaldi, le propriétaire, a laissé aller la bâtisse depuis longtemps.

— Voici, j'ai décidé de mettre de la pression sur Rinaldi. Dans un premier temps, vous allez le prévenir officieusement que nous n'avons pas l'intention de renouveler le bail en décembre, justement parce qu'il a grandement négligé la bâtisse. Je dis bien « officieusement », car je veux me ménager une porte de sortie. Si jamais on décide de renouveler le bail, vous en rejetterez la responsabilité sur moi parce que j'aurai changé d'avis.

Dans un second temps, contactez les agences immobilières spécialisées dans l'industriel et le commercial pour les informer que nous sommes à la recherche d'une bâtisse sur la Rive-Sud. Giuseppe Rinaldi possède d'autres bâtisses sur le territoire. Avisez-les que nous ne sommes pas intéressés à faire affaire avec lui en raison des problèmes que nous avons eus précédemment avec lui, mais profitez-en pour glaner le plus de renseignements possible sur Rinaldi, entre autres sur sa situation financière. Les agences sont sûrement bien informées de tout ce qui se passe sur la Rive-Sud.

J'ai demandé à Léonce Ménard de venir me voir au bureau ce matin. C'est probablement lui qui connaît le mieux la bâtisse et qui sait si elle représente la solution idéale pour INTERFORCE ou non. Sinon, nous envisagerons d'autres possibilités, mais point de vue déménagement et logistique, ce serait beaucoup plus compliqué et coûteux.

Justement, on cognait à la porte. Léonce fit son entrée.

— Patron, je suis à votre service.

— Vous tombez à point. Nous aimerions que vous nous parliez de la bâtisse et de ce que vous en pensez. Comme je l'ai dit vendredi durant la réunion, je songe à réunir toutes les activités au même endroit, ici ou ailleurs sur la Rive-Sud. J'ai besoin de votre opinion.

— La bâtisse dans l'ensemble est saine. C'est une structure d'acier avec de la brique en avant et de l'aluminium sur les côtés et en arrière. Sur la coquille, rien à redire, c'est bâti pour cent ans. Mais c'est dans les détails que ça cloche.

On a eu des infiltrations d'eau l'an passé du côté est. J'ai réglé le problème en faisant poser une canalisation, mais éventuellement il va falloir solutionner le problème une fois pour toutes. On a eu plusieurs pépins avec la plomberie dans le passé, mais rien de majeur; j'ai toujours réussi à les régler moi-même. Il va aussi falloir modifier le système électrique. Comme on a souvent des pannes mineures, on a installé une génératrice d'urgence il y a trois ans et ça a solutionné les problèmes à court terme. Cependant, il est clair qu'il va falloir y voir une fois pour toutes.

C'est une bonne bâtisse, mais elle n'avait pas été conçue à l'origine pour une entreprise comme INTERFORCE. À la base, elle était destinée à servir d'entrepôt avec des bureaux à l'avant.

Ce qui est frustrant, et qui me met en rogne, c'est que Rinaldi ne retourne jamais mes appels. J'ai beau lui laisser des messages, il ne rappelle pas. Et lorsque je parviens à lui parler, il me dit toujours qu'il va envoyer son contremaître, mais le bonhomme ne vient jamais. J'avais parlé du problème à Monsieur Laforce qui m'avait répondu que si une situation urgeait, je devais y voir moi-même. INTERFORCE n'avait pas le loisir d'attendre! C'étaient ses propres mots.

— Je vous comprends Léonce. J'ai moi-même pris l'habitude de juger quelqu'un selon qu'il retourne ou non ses appels. Peut-être est-ce une mauvaise habitude de ma part, mais l'expérience m'a démontré que ma première impression se démentait rarement par la suite. Moi-même, je retourne tous mes appels ou je m'arrange pour qu'une réponse soit acheminée sans tarder. Je m'attends donc à ce que les autres en fassent autant.

— Vous avez bien raison, patron, ma mère me disait la même chose.

Madame Mathilde intervint :

— Léonce, qu'est-ce que vous pensez de la bâtisse actuelle pour héberger l'ensemble des activités d'INTERFORCE?

Léonce ne répondit pas immédiatement, comme s'il envisageait plusieurs solutions. Même s'il était en bleu de travail, son allure, ses mimiques, ses doigts qui s'agitaient, ses sourcils qui se fronçaient, trahissaient une grande concentration et une vive intelligence. Visiblement, il prenait la question très au sérieux. Après quelques minutes de réflexion, il répondit :

— Il faut ramener une cinquantaine de personnes du centre-ville. Toutes vont avoir besoin de bureaux. La bâtisse est suffisamment haute et ma première idée était de bâtir un deuxième étage à l'avant. Mais après réflexion, je crois que ce serait trop coûteux et surtout, que ça dérangerait trop le personnel et les opérations.

Je vous ai dit tantôt qu'on avait des problèmes d'infiltration d'eau du côté est de la bâtisse, à droite lorsqu'on la regarde de la route. C'est là que se trouve la solution selon moi. Il s'agirait de bâtir une annexe sur deux étages où serait logé tout le personnel administratif. On a suffisamment d'espace de terrain de ce côté. On ferait d'une pierre deux coups : on règlerait le problème de drainage et on en profiterait pour mettre de la gueule à la bâtisse. C'est du côté de l'autoroute qu'elle devrait être le plus en évidence, du côté du trafic. Elle ne passerait pas inaperçue. En tout cas, je pense que ma vieille mère en serait bien fière.

Et puisque je suis parti, laissez-moi rajouter du tabac dans ma tabatière. Vous savez que la bâtisse est chauffée et climatisée à l'électricité. C'est sûr qu'au Québec, c'est la source d'énergie la moins coûteuse, mais les prix tendent à augmenter chaque année. De plus, je soupçonne que nos problèmes électriques viennent d'une trop grande utilisation aux heures de pointe. Je suggère qu'on en profite pour utiliser la géothermie pour chauffer et climatiser la bâtisse. On utilise la chaleur de la terre en hiver et sa fraîcheur en été grâce à des puits installés en profondeur dans le sol, le tout en circuit fermé.

— Je connais, dit Alex, car j'utilise ce système à mon chalet. Même si j'ai du bois à volonté, je ne suis pas toujours là pour entretenir un feu. Par contre, au lieu d'une boucle fermée, j'ai utilisé un circuit ouvert qui utilise l'eau de mon lac. C'est beaucoup plus cher à l'achat pour les équipements, mais on y gagne à la longue. Vous n'aurez pas beaucoup de difficulté à me convaincre. Mais dites-moi Léonce, comment se fait-il que vous connaissiez la géothermie? C'est très connu en Europe, surtout dans les pays nordiques où l'électricité est très chère, mais ici au Québec, c'est peu connu.

— J'ai beaucoup lu à ce sujet et je me suis toujours intéressé aux nouvelles formes d'énergie.

— C'est très bien et certainement à votre honneur. En terminant, j'aimerais que vous mettiez beaucoup de pression sur Rinaldi. Le moindre petit trouble à réparer concernant la bâtisse, je veux que ce soit lui dorénavant qui en assume la responsabilité. S'il ne répond pas à vos appels, rendez-vous sur place et talonnez-le.

— Comptez sur moi patron, je vais lui remettre la monnaie de sa pièce. Je n'ai jamais admis qu'il nous traite de cette façon, mais Monsieur Laforce m'avait dit de l'oublier. Quant à moi, je le traînerais sur l'asphalte. C'est ça qui est ça!

Patron, avant de partir j'ai besoin d'un service. Vous avez dit lors de la réunion que la compagnie verserait 10 % du montant des actions d'INTERFORCE qu'un employé achèterait, jusqu'à concurrence de 1000 $. Ça fait longtemps que je voulais investir, mais je ne connais rien de rien à la finance.

— C'est très facile, vous n'avez qu'à ouvrir un compte chez un courtier. Je vous suggère un courtier à escompte. Toutes les grandes banques offrent un tel service. Une fois votre compte ouvert, vous n'avez plus qu'à placer une commande d'achat à un prix déterminé, disons aux alentours de 2 $, ce qui est le cours actuel de l'action d'INTERFORCE. Mais j'y pense Madame Mathilde, bien des employés vont se poser les mêmes questions. On va préparer un petit mémo confirmant le programme d'achat d'actions et donnant des directives très simples en ce qui concerne l'ouverture d'un compte. Au besoin, on pourra s'en occuper nous-mêmes.

Évidemment, Léonce, je ne peux pas vous garantir que vous ferez un bon coup, mais on va y travailler. Au moins, vous achèterez les actions à leur cours le plus bas depuis dix ans.

Madame Mathilde et Maria Sanchez préparèrent le mémo en question pour les employés. Elles y mirent un soin particulier parce que toutes deux savaient que c'était très important, tant pour la compagnie que pour les employés. Elles n'ignoraient pas, surtout Madame Mathilde, que si les choses tournaient mal ou que la compagnie subissait des revers de fortune, le résultat pourrait être tout le contraire de l'effet escompté, mais avoir des employés qui commenceraient à penser comme des actionnaires pouvait être très bénéfique pour INTERFORCE. Et si Alex réussissait, il va sans dire que ce serait également très bénéfique pour les employés eux-mêmes.

Madame Mathilde avait toutefois un autre but. Elle voulait se servir de ce mémo comme prétexte pour rencontrer individuellement les employés, ceux de jour comme ceux de nuit, sans exception. Elle estimait que seule une minorité d'entre eux souscrirait au programme d'achat, mais si le tiers des employés y participait, ce serait un succès à son avis. Elle ferait donc tout en son pouvoir pour faciliter le plus possible leur décision. Au fond d'elle-même, elle savait que le service à la clientèle était au coeur de la réussite future de l'entreprise. Cette démarche auprès des employés était la clé qui permettrait d'ouvrir la porte du succès.

Une fois le mémo terminé, elles conversèrent un moment ensemble.

— Maria, dit Madame Mathilde, je tiens à ce que tu saches qu'on a eu une bonne réunion ce matin. Même si ce n'est pas encore officiel, nous nous préparons à consolider l'ensemble des activités ici à Longueuil, ou ailleurs sur la Rive-Sud. À cet effet, je dois contacter toutes les agences immobilières importantes de la Rive-Sud pour voir ce qu'il y a de disponible.

On envisage aussi la possibilité de rénover la

bâtisse actuelle et de l'agrandir au besoin, mais comme rien n'est définitif, il est préférable que nous gardions cette possibilité sous silence pour l'instant. De toute façon, la dernière chose à faire serait de perturber les opérations; la décision finale en tiendra compte. La réponse des employés vendredi dernier a résonné fort dans la tête de Monsieur Alex, si bien qu'il est décidé à unifier les activités. Je suis entièrement d'accord avec lui.

— Je suis bien contente, répondit Maria. Beaucoup d'employés sont venus me voir après le discours du patron pour me dire que c'était une bonne idée. Pour ce qui est des actions, ils ne comprennent pas trop. Je leur ai promis qu'on leur donnerait plus d'explications à ce sujet. Moi-même, je n'ai jamais investi à la Bourse, mais mes enfants sont maintenant élevés et j'ai décidé d'y mettre un peu d'argent. S'il s'agissait d'une autre compagnie qu'INTERFORCE, que je connais bien, laisse-moi te dire que je ne toucherais jamais à cela.

— Je te comprends, je pense de la même façon. Si tu as la moindre question, n'hésite pas à m'en parler ou même à Monsieur Alex qui est un expert dans le domaine.

Entre-temps Maria, je voudrais savoir ce qu'il en est réellement du service à la clientèle. Pourquoi perd-on des abonnés? Y a-t-il moyen de les récupérer? Est-ce qu'on ne pourrait pas dénicher de nouveaux abonnés, par exemple au moyen de références, en faisant de la publicité ou en employant l'Internet?

Bref, on compte secouer la cage, mais délicatement. Tu me comprends. Parle aux filles et aux gars, et vois ce qu'ils suggèrent. Qu'est-ce qu'on fait de bien, qu'est-ce qu'on peut améliorer, que doit-on éviter?

— Dans l'ensemble, on a de bons employés. Bien entendu, comme dans toute organisation, il peut se glisser quelques moutons noirs, mais ce n'est pas là le problème. Je pense que ces derniers temps, avec le départ de Monsieur Laforce, il y a eu un relâchement. Je dirais aussi qu'il y a eu quelques frictions avec Claude Savard qui l'a remplacé temporairement. Je suis bien contente de votre arrivée; ainsi, on risque de le voir moins souvent.

— Justement, je l'ai aperçu à la fin de la réunion vendredi, à l'arrière de la salle, en grande discussion avec une employée.

— C'est drôle, je n'ai rien remarqué.

— J'ajouterais que la discussion semblait très animée.

— Cette employée, de quoi avait-elle l'air?

— Une blonde, environ 35 ans, assez bien de sa personne.

— Je ne vois pas pour le moment, mais peut-être que tu la reconnaîtras durant ta tournée. Tout ce que je peux te dire, c'est que Claude Savard passe pour un beau chanteur de pomme parmi les filles. C'est peut-être une excellente chose qu'on le voie moins à l'avenir.

— Avant de me mettre à la tâche, je vais passer un

coup de téléphone à ce Rinaldi.

— Bonne chance !

Alex consacra le reste de la semaine au centre-ville à étudier les résultats du troisième trimestre avec Claude Savard et son équipe. La réunion du conseil d'administration, qui devait servir à entériner les résultats du troisième trimestre et à prendre les décisions, approchait. On n'avait pas encore retenu la date, mais selon les autorités, la date limite était le 15 novembre, soit quarante-cinq jours après la fin du trimestre. Alex entendait cependant tenir cette réunion le plus tôt possible, vers le 1er novembre.

La semaine avait mal commencé. Lorsqu'ils s'étaient rencontrés dans la salle de conférence le lundi matin, Claude Savard avait pu lui présenter seulement les états financiers du troisième trimestre qui, tel que prévu, affichaient une légère perte et des revenus stationnaires.

— Monsieur Savard, ce n'est pas exactement ce que j'ai demandé. Même s'ils ne sont pas vérifiés par Maheux et Associés, je sais bien que les états financiers du troisième trimestre sont importants pour les actionnaires, les autorités et la direction. Toutefois, ils représentent le passé. Or, ce qui m'intéresse et m'importe le plus, c'est l'avenir, ce qu'il y a devant nous.

Comme je vous l'ai dit la semaine dernière, je veux un relevé détaillé, division par division, indiquant le taux de rétention des abonnés, les marges et les coûts. En plus d'un budget global, je veux également un budget pour chaque division.

— Mais, Monsieur Le Grand, on n'a pas eu le temps de tout préparer; la réunion de vendredi a quelque peu perturbé la semaine.

— Je peux comprendre cela, mais j'aimerais qu'on me comprenne bien moi aussi. Si je dois effectuer le revirement de la compagnie, il est essentiel que j'en connaisse tous les engrenages, les systèmes, les forces et les faiblesses. De quelle façon votre équipe de contrôle interne est-elle constituée?

— J'ai un assistant, André Routhier, qui travaillait autrefois avec moi chez Maheux et Associés, la firme où j'étais associé avant de me joindre à INTER-FORCE. Ils sont aussi nos vérificateurs actuels. André a suivi tous les cours pour devenir comptable agréé, mais il n'a jamais passé l'examen final. C'est un excellent comptable et j'ai toute confiance en lui. Il a accepté de me suivre ici lorsque j'ai quitté Maheux et Associés.

Ma deuxième assistante est Madame Reine Côté, qui travaille pour INTERFORCE depuis sa fondation. C'est une bonne employée, très consciencieuse et attentionnée dans son travail, mais elle ne possède pas toutes les compétences d'André Routhier. Le reste de l'équipe est constitué du personnel administratif qui s'occupe des comptes à recevoir, des comptes payables et de la paie; une dizaine de personnes en tout.

— Monsieur Savard, vous allez faire venir André Routhier et Madame Côté immédiatement dans la salle de conférence, question de nous mettre tous sur la même longueur d'onde.

Alex n'avait pas l'âme d'un comptable. Même s'il avait réussi tous ses cours de comptabilité à l'université avec grande distinction, il était principalement intéressé par le portrait global. Il savait que les chiffres avaient une importance non négligeable, voire même essentielle, pour une entreprise, un peu comme un capitaine de navire sait que sans le concours de la salle des machines, le bateau n'avancera pas. Mais au-delà des chiffres, deux éléments l'intéressaient avant tout : les hommes et l'horizon devant lui.

Quelques minutes plus tard, Claude Savard revint accompagné d'André Routhier et de Madame Côté. André Routhier était pratiquement une copie conforme de son patron : même âge, même physique, mais avec moins d'éclat, moins d'assurance. De fait, on aurait dit qu'il était l'ombre fidèle de son patron. Madame Côté, elle, personnifiait l'image même que se font la plupart des gens d'un teneur de livres : la cinquantaine avancée, petite, revêche, le corps droit comme un « i », pas un cheveu argenté ne dépassant de son chignon bien tendu, pas une poussière sur son tailleur austère.

Alex les fit asseoir à la grande table de conférence. Après un long regard circulaire, le temps de remarquer que les deux employés n'étaient guère à l'aise, il se lança.

— Vous étiez à la réunion vendredi dernier et vous savez combien elle était importante pour INTER-FORCE. On n'a pas interrompu les activités régulières pour rien. C'était d'ailleurs la première expérience du genre pour INTERFORCE depuis très longtemps. Vous allez aussi apprendre, parce que c'est désormais du domaine public, que j'ai acheté un million d'actions de la compagnie; c'est Michel Laforce qui me les a vendues. J'aimerais que dorénavant la plupart des employés se mettent à penser comme des actionnaires, comme des propriétaires, et c'est pourquoi j'ai institué un programme d'achat d'actions spécialement à l'intention des employés.

Claude Savard intervint alors.

— Je crois que c'est une excellente idée et que les employés, dans la mesure de leurs moyens, vont y participer. Mais je ne suis pas sûr que réunir tous les employés sous le même toit soit une aussi bonne idée, même si certains l'ont applaudie.

— Et pourquoi donc, Monsieur Savard?

Après quelques hésitations :

— Eh bien, parce que c'est comme ça depuis toujours et que je vois mal les cadres se mélanger au personnel de soutien. Du moins, je n'y vois aucun bienfait pour la compagnie. Et puis, ça risque de perturber complètement les opérations.

S'adressant aux deux autres cadres, Alex leur demanda :

— Est-ce que vous partagez cet avis?

Les deux baissèrent les yeux, comme s'ils ne voulaient pas intervenir dans le débat, visiblement mal à l'aise à l'idée de contredire leur patron immédiat. Enfin, à l'étonnement de Claude Savard, Madame Côté se risqua.

— J'ai bien aimé la réunion et j'y ai rencontré des amis que je n'avais pas vus depuis longtemps. Après la réunion, j'ai discuté avec plusieurs d'entre eux et je crois que le regroupement est une idée qui mérite d'être fouillée. Je ne peux pas en discerner encore toutes les implications, je laisse cela à la direction, mais la plupart des employés étaient très enthousiastes. Un petit coup de barre présentement ne semble pas leur déplaire, bien au contraire.

André Routhier garda les yeux baissés, évitant tout contact, et resta coi. Alex n'insista pas.

— La raison pour laquelle je vous ai fait venir ce matin est que je veux que vous me prépariez un bilan exhaustif de la situation chez INTERFORCE, division par division. Pour chacune d'elles, je veux connaître les revenus, les coûts, le nombre d'abonnés, le taux de rétention, les marges, les profits; bref, toutes les informations susceptibles de nous aider, le conseil d'administration et moi, à prendre les bonnes décisions.

En passant, le prochain C.A. aura lieu plus tôt cette année, vers le 1er novembre, pour entériner les résultats du troisième trimestre, bien sûr, mais surtout pour prendre des décisions capitales concernant l'avenir de l'entreprise. Quand on cherche quelque chose, il arrive qu'on doive revenir sur ses pas pour la trouver; lorsque c'est fait, on peut se remettre à avancer. Si j'ai besoin d'une révision exhaustive des opérations, c'est que grâce aux informations que vous aurez colligées, je serai en mesure de dresser le tableau de bord complet de chaque division, tableau qui ne reflètera pas seulement le passé récent, mais qui me permettra de suivre au jour le jour l'évolution des choses chez INTERFORCE et au besoin, de réagir instantanément dans le bon sens. L'information est le nerf de la guerre. Cela m'a très bien servi chez Wiley autrefois.

Le reste de la semaine fut un va-et-vient incessant entre les bureaux de la comptabilité et la salle de conférence qui commençait à ressembler à un champ de bataille. Ce qui au début n'était qu'une intuition pour Alex, se précisait de plus en plus au fil des informations.

Pendant ce temps, le cours de l'action d'INTERFORCE ne faisait toujours pas de vagues. De toute évidence, l'arrivée d'Alex Le Grand et son achat d'un million d'actions étaient passés complètement inaperçus. Le titre avait même touché 1,95 $ durant la semaine. Seul un observateur averti ou un petit futé aurait pu remarquer que les volumes hebdomadaires de transactions sur le titre étaient passés de quelque vingt mille actions à plus de cent mille, mais tant que le titre ferait du surplace, ce fait passerait également inaperçu.

Alex avait dix ans. Durant l'année scolaire, il était pensionnaire dans un collège réputé de Varennes. Les vacances estivales, de Pâques et de Noël, il les passait sur la terre que son grand-père avait achetée quelques années plus tôt et où il avait fait bâtir un petit chalet en bois de pin blanc, récolté sur la terre, qui, bien que petit, suffisait largement à leurs besoins.

Ce chalet était situé sur un léger button, dans une éclaircie. Sur trois faces, il était doté d'immenses fenêtres qui donnaient l'illusion qu'on vivait à l'extérieur. L'hiver, lorsque les tempêtes de neige faisaient rage, on se serait cru au cœur même de la tourmente, assailli par les flocons qui dansaient et virevoltaient dans tous les sens, créant au gré des bourrasques des nuages menaçants qui grossissaient monstrueusement pour ensuite se dissiper momentanément. L'été, on laissait les fenêtres grandes ouvertes et de vastes moustiquaires protégeaient les occupants tout en laissant pénétrer les bruits de la nature et de la nuit envahissante. Peu importe le temps de l'année, Alex avait toujours hâte de se retrouver au chalet car l'endroit était devenu pour lui synonyme de vacances.

À une centaine de mètres du chalet, se trouvait un grand trou, conséquence du déracinement d'un pin quelques décennies auparavant. Un renard y avait fait son terrier. Chaque soir, à la brunante, il passait tout près du chalet en rentrant chez lui, une proie dans la gueule, le plus souvent une souris qu'il avait débusquée dans les champs de culture avoisinants.

Avec le temps, le renard s'était de plus en plus habitué à la présence humaine de sorte que chaque soir, il se rapprochait davantage, la tête haute, exhibant fièrement son trophée de la chasse du jour. Autrement, on ne le voyait que rarement, chassant à l'aube ou au crépuscule.

Une journée de juillet, alors que le soleil dardait et que la nature tout entière semblait s'être assoupie, Alex le vit qui dormait à l'orée d'un champ de blé. Au début, il avait cru qu'il s'agissait d'une motte de terre retournée ou d'une souche ancienne, mais en s'approchant, il s'était rendu compte de son erreur en voyant un œil cligner brièvement. C'était bien son renard recroquevillé sur lui-même autour de sa queue! Tout excité, Alex courut au chalet prendre ses jumelles et prévenir son grand-père, car il était très rare de voir l'animal en plein jour.

De retour au champ de blé, le renard était toujours là, assoupi. Alex s'approcha sans faire de bruit jusqu'à une cinquantaine de mètres, son grand-père sur les talons. Le renard ouvrit paresseusement un œil et commença à s'étirer, conscient de leur présence. Il était magnifique avec son pelage roux, sa longue gueule fine et ses oreilles dressées. Le grand-père dit à Alex de ne pas trop s'approcher pour ne pas l'effrayer et le faire fuir à travers les champs.

Cependant, le renard sortait lentement de sa torpeur en les observant, nullement effarouché. Les jumelles ne quittant pas ses yeux, Alex pouvait ainsi l'admirer dans les moindres détails. Ils s'approchèrent encore d'une dizaine de mètres. De nouveau, son grand-père le mit en garde de ne pas s'approcher davantage pour ne pas empiéter dans le territoire du renard et risquer de le voir s'enfuir.

Mais Alex ne l'écouta pas et continua d'avancer très lentement, les jumelles toujours fixées sur la bête. Le renard fit alors une chose étonnante. Probablement parce qu'Alex était petit et qu'il lui était familier depuis le temps de ses parades, toujours est-il qu'au lieu de s'enfuir, il s'avança droit vers Alex. Lorsque celui-ci le vit apparaître dans ses jumelles, deux fois plus gros qu'il n'était en réalité, tel un loup, il eut un mouvement de recul et tomba de tout son long sur le dos.

Bien des années plus tard, son grand-père en riait encore et il affirmait, avec le plus grand sérieux, qu'il avait aussi entendu ricaner le renard.

Chapitre 11

Après avoir contacté plusieurs agences immobilières, Madame Mathilde en avait retenu deux qui semblaient les plus aptes à dénicher une bâtisse appropriée sur la Rive-Sud. La première agence était une multinationale active à l'échelle du pays, la seconde une petite agence locale qui oeuvrait uniquement sur la Rive-Sud.

Après avoir discuté des besoins d'INTERFORCE, elle avait appris beaucoup de choses sur Giuseppe Rinaldi. Ce dernier possédait une vingtaine de bâtisses sur la Rive-Sud. Même s'il ne construisait plus depuis une vingtaine d'années, il était considéré comme le plus gros propriétaire du secteur. Sa réputation était exécrable. La plupart de ses propriétés n'avaient pas été rénovées depuis belle lurette, mais elles avaient l'avantage d'être bien situées, Rinaldi ayant été un pionnier sur la Rive-Sud. Au cours de ses échanges avec la petite agence familiale, elle apprit que toutes sortes de rumeurs circulaient sur le compte de Rinaldi. Une chose était sûre toutefois : deux de ses bâtisses étaient à louer. L'une était inoccupée depuis plus d'un an et l'autre venait de perdre un locataire important. Cela ne surprit pas Madame Mathilde vu tous les problèmes qu'INTERFORCE avait connus depuis des années. De toute évidence, le propriétaire devait agir de la même façon avec tous ses locataires.

Madame Mathilde avait laissé plusieurs messages à Rinaldi, mais sans succès. Avec ce qu'on lui avait raconté, elle ne s'en étonna guère.

Au milieu de la semaine, elle fit venir Léonce Ménard à son bureau.

— On s'est entendu pour mettre de la pression sur ce Rinaldi, mais je ne veux pas attendre que le prochain problème surgisse. Je veux agir immédiatement, d'autant plus qu'il ne retourne pas mes appels, tel que vous l'aviez prévu. Parmi les problèmes qu'on a connus récemment, y en a-t-il un qui soit survenu à plusieurs reprises et qu'on pourrait imputer plus facilement à Rinaldi, quelque chose qui relève réellement de sa responsabilité?

— Eh bien, je pense que le problème d'infiltration d'eau le printemps dernier était réellement sa responsabilité. Le drainage autour de la bâtisse était défectueux et normalement, c'est la responsabilité du proprio de s'en occuper.

— Combien en a-t-il coûté à INTERFORCE?

— Je dirais plus de 25 000 $, car on a dû faire venir un entrepreneur en construction. D'habitude, je parviens à régler moi-même les problèmes, mais pas quand il s'agit d'un drain et de nouvelles canalisations.

— Léonce, préparez-moi un double de la facture et

prévenez-moi si un autre problème survient.

— C'est comme si c'était déjà fait. Rinaldi va voir de quel bois on se chauffe!

Dans le cadre de la tournée de présentation du mémo sur le programme d'achat des actions qu'elle avait faite auprès des employés de Longueuil, Madame Mathilde avait insisté pour que Maria l'accompagne le plus souvent possible. Même si cette dernière était devenue à toutes fins pratiques la grande patronne au fil du temps, elle avait remarqué que la plupart des employés la considéraient toujours comme une des leurs, la tutoyant allègrement et n'hésitant pas à lui confier leurs petits ennuis.

— Mathilde, dit-elle à la fin d'une journée où elles avaient rencontré de nombreux employés, tu ne peux pas savoir à quel point le programme d'achat a stimulé le personnel; c'est comme une journée ensoleillée de printemps après un long hiver. On dirait que les employés ne parlent que de ça.

— Je suis aussi très heureuse de ces rencontres car elles me permettent de faire plus ample connaissance avec chacun. Bien sûr, je ne m'attends pas à ce que la majorité participe au programme, mais je soupçonne que Monsieur Alex avait d'autres objectifs en lançant cette opération.

— As-tu remarqué, cet après-midi, la petite Vietnamienne, Kim N'Guyen? Kim est une excellente employée, mais d'habitude elle est très effacée. Figure-toi qu'elle était toute heureuse de m'annoncer qu'elle venait de recruter dans son pays d'origine un nouvel abonné que lui avait référé un abonné actuel. Chose qui me surprend beaucoup, c'est la première fois depuis longtemps qu'une employée vient m'annoncer avec autant de fierté une nouvelle de ce genre. On dirait que les employés sont stimulés de nouveau. C'est comme si on revenait aux premiers temps d'INTERFORCE.

— Je vais en parler à Monsieur Alex qui sera bien heureux d'apprendre la chose.

Après avoir rencontré la majorité des employés, elle n'avait toujours pas revu la jolie blonde qui discutait vigoureusement avec Claude Savard le jour de la réunion générale. Un vrai mystère!

Le vendredi, n'ayant toujours pas obtenu de réponse à ses nombreux appels, Madame Mathilde décida de prendre les grands moyens et rappela le bureau de Giuseppe Rinaldi.

— Immeubles Rinaldi, répondit la voix familière qui appartenait au cerbère engagé par Rinaldi pour filtrer les appels.

— Ici Mathilde Hardy, l'assistante de Monsieur Alex Le Grand, le nouveau président d'INTERFORCE. J'ai laissé plusieurs messages à Monsieur Rinaldi depuis le début de la semaine et il n'a toujours pas retourné mes appels. Est-il malade ou en dehors du pays?

— Non, répondit la voix agacée. Mais il est très occupé présentement et il va vous rappeler sans faute dès qu'il aura un moment.

— Dites-lui que c'est très important et que je dois le voir sans faute.

— Je n'y manquerai pas.

Puis juste avant de raccrocher :

— Mais dites-moi, mademoiselle, quand Monsieur Rinaldi est-il généralement au bureau?

— Il est toujours au bureau très tôt, entre sept heures et neuf heures. Ensuite, il a l'habitude de faire la tournée de ses bâtisses, répondit la voix de plus en plus agacée.

— Merci, dit Madame Mathilde en raccrochant, pensant qu'on n'avait pas vu Rinaldi chez INTER-FORCE depuis au moins un an. Allô tournée!

Le lundi matin suivant, dès sept heures, Madame Mathilde était au poste, assise dans sa voiture stationnée devant la porte principale du siège social des Immeubles Rinaldi. Madame Lagarde, de la petite agence immobilière locale, lui avait procuré l'adresse. Celle-ci l'avait également prévenue que l'immeuble ne payait pas de mine et qu'il était situé dans un ancien quartier industriel que des projets domiciliaires avaient vite encerclé, puis lentement grugé. L'immeuble Rinaldi était l'un des derniers survivants de la première époque. Selon Madame Lagarde, il semble que ce serait là que Giuseppe Rinaldi avait commencé à bâtir son parc immobilier et il y restait très attaché. Devant les vitres empoussiérées et les trottoirs envahis par les mauvaises herbes, Madame Mathilde se dit qu'au moins, il était égal à lui-même. Il ne se réservait pas un meilleur traitement qu'à ses locataires.

Vers sept heures et quart, elle vit arriver une grosse Cadillac blanche, l'un de ces anciens modèles aux ailerons arrière semblables à des fusées, le tout ressemblant davantage à un gros paquebot poussif qu'à une auto. À son bord trônait un petit homme aux cheveux poivre et sel dressés tout droit sur le crâne, vraisemblablement maintenus en place avec un gel puissant. Ses favoris étaient taillés à la mode des années 70, longs et épais, dépassant largement les oreilles. Sur sa chemise ouverte pendait une chaîne en or qui devait peser lourd et qui avait sans doute coûté plusieurs milliers de dollars au prix où s'échangeait l'once d'or sur le marché international. Derrière le volant, sa tête dépassait à peine le tableau de bord.

Le regardant descendre de son véhicule, Madame Mathilde remarqua qu'il portait des bottillons de cuir qui devaient le grandir d'un bon cinq ou six centimètres. Elle se dit instinctivement que le bonhomme allait lui donner du fil à retordre. C'était visiblement quelqu'un qui avait souffert toute sa vie du complexe du petit homme et qui devait monter facilement sur ses ergots. Mathilde le laissa déverrouiller la porte d'entrée. Lorsque celle-ci fut entrouverte, elle se précipita à sa suite.

— Monsieur Rinaldi, je présume!

Rinaldi se retourna un peu surpris de se voir aborder de si bonne heure et surtout par une femme. Apparemment, il n'avait pas remarqué l'auto de Madame Mathilde dans le stationnement, mais il reprit vite ses esprits et la contenance du propriétaire sûr de lui.

— Que me vaut l'honneur, madame?

— Je suis Mathilde Hardy, la secrétaire de Monsieur Alex Le Grand, le nouveau président d'INTERFORCE. Je vous ai laissé plusieurs messages la semaine dernière et il était très important que je vous rencontre. Mais ne pourrions-nous pas aller dans votre bureau? Nous serions plus à l'aise pour discuter.

Rinaldi l'introduisit dans un bureau où étaient accrochées une vingtaine de photographies jaunies représentant ses immeubles. Le mobilier était désuet et de peu de valeur. Rinaldi devait rencontrer très rarement ses locataires ou des fournisseurs.

— Comme je vous l'ai dit, je suis l'assistante de Monsieur Le Grand. Il m'a chargée de vous rencontrer pour mettre les choses au point concernant le bail qui vient à échéance prochainement. Nous ne sommes pas sûrs de vouloir le renouveler pour un autre terme de cinq ans.

— Sachez, ma petite dame, que je ne suis pas sûr moi non plus de vouloir renouveler votre bail pour un autre terme, lui répondit Rinaldi qui n'avait pas l'habitude de se faire marcher sur les pieds, encore moins par une femme.

Madame Mathilde, qui savait déjà que deux de ses immeubles étaient inoccupés et donc que Rinaldi bluffait, ne s'en laissa pas imposer et poursuivit de plus belle.

— Nous avons déjà chargé une firme de courtage immobilier de rechercher un nouveau local, sur la Rive-Sud ou au centre-ville, et je suis mandatée pour examiner toutes les options. Votre immeuble n'est qu'une possibilité parmi bien d'autres.

Mais avant même de le prendre en considération, nous devons mettre une chose au point. Le printemps dernier, nous avons dû effectuer des travaux de drainage autour de votre immeuble, des travaux qui étaient votre responsabilité selon notre homme d'entretien, Léonce Ménard.

Madame Mathilde sortit de sa serviette la facture de drainage et la déposa sur le bureau de Rinaldi qui l'examina sommairement avant de la repousser négligemment vers elle.

— Mais je n'ai jamais autorisé ces travaux!

— Monsieur Ménard vous a laissé des dizaines d'appels, mais vous n'y avez jamais répondu. Devant l'urgence de la situation, nous avons dû faire effectuer les travaux rapidement pour éviter une inondation. Il reste que ces travaux sont de votre ressort et que vous devez nous les créditer.

— Je vous répète que je ne les ai jamais autorisés. Je vous trouve pas mal insolente de m'aborder ainsi sans rendez-vous et de si bonne heure encore.

Puis changeant brusquement de ton :

Mais je suis toujours prêt à pardonner à une jolie

femme. D'ailleurs, je vous trouve pas mal coquine, lui dit Rinaldi qui se levait de son siège, les yeux brillants.

Madame Mathilde eut une poussée d'adrénaline devant la tournure des événements et se leva à son tour pour l'affronter. Elle fut cependant soulagée d'entendre ouvrir la porte d'entrée. Elle se précipita hors du bureau, la facture à la main, et passa en trombe devant une secrétaire ahurie de sa présence dans le bureau de son patron.

Madame Mathilde se promit que si elle devait rencontrer à nouveau Rinaldi, ce serait en compagnie de Léonce Ménard, ou mieux encore, elle le déléguerait à sa place la prochaine fois.

Alex passa tout le mois d'octobre à préparer la prochaine réunion du conseil d'administration toujours prévue pour le 1er novembre. Bien entendu, le premier point à l'ordre du jour porterait sur les résultats du troisième trimestre. Ils étaient toutefois secondaires dans son esprit : d'une part, ils étaient prévisibles, soit des revenus plats et peu ou pas de profits, mais surtout, ils faisaient désormais partie de l'histoire ancienne, histoire dont il était déterminé à changer le cours.

Alex trouva extrêmement drôle l'épisode de Madame Mathilde avec Rinaldi. Plusieurs fois, il l'avait prévenue qu'elle allait trop vite en affaires, mais comme la majorité du temps les choses viraient en sa faveur, il n'osait pas trop insister. Du reste, il savait déjà comment il allait traiter avec Rinaldi à la suite de cette rencontre, mais il voulait d'abord en savoir le plus possible sur le bonhomme et surtout, il souhaitait obtenir l'assentiment du C.A.

Lorsque Madame Mathilde lui raconta à quel point la petite Kim N'Guyen avait été fière de recruter un nouveau client et combien le climat s'améliorait chez les employés, il réagit instantanément.

— Madame Mathilde, faites savoir à tous les préposés que pour chaque nouvel abonné, ils auront droit à une prime de cent actions d'INTERFORCE.

Puis, nous allons instaurer un concours de l'employé du mois. Celui ou celle qui aura recruté le plus grand nombre de nouveaux membres, ou qui aura démontré le plus d'initiative, ou offert le meilleur service à nos abonnés, sera couronné employé du mois.

Pour bien démontrer l'importance que la direction accorde au service, nous allons démarrer le programme rétroactivement en nommant Kim N'Guyen comme première employée du mois. Nous allons afficher sa photo sur le babillard de la grande salle, ainsi que la prime qu'elle s'est méritée en recrutant un nouveau membre.

Madame Mathilde, à qui on ne pouvait reprocher un manque d'initiative personnelle - surtout depuis l'épisode avec Rinaldi - avait une fois de plus été fascinée par l'aptitude d'Alex à prendre des décisions extrêmement rapides dans le feu de l'action. Elle et lui étaient faits sensiblement du même bois, ce qui les avait sans doute rapprochés au début. Mais contrairement à Madame Mathilde qui agissait souvent sous l'impulsion, Alex était plutôt circonspect. Ce que d'aucuns percevaient comme une réaction immédiate à une situation quelconque résultait souvent d'une longue réflexion. C'est ainsi qu'il avait agi chez Wiley; ce serait sûrement pareil chez INTERFORCE. Une fois qu'il avait accepté un poste, c'était plus fort que lui, et il aurait été bien en mal d'expliquer pourquoi, mais il vivait presqu'exclusivement en fonction de la compagnie. Toutes ses pensées étaient dédiées à son travail. Même dans ses moments libres, au concert, lors d'une marche en forêt, voire dans ses rêves, il lui venait des idées qu'il prenait soin de noter pour ne pas les oublier. Il était comme un général en état de siège. Ses idées, son énergie et ses actions étaient entièrement centrées sur INTERFORCE. C'est pourquoi lorsque Madame Mathilde lui avait raconté l'anecdote de Kim N'Guyen et de sa fierté d'avoir recruté un nouvel abonné, il avait réagi aussi promptement. Ça faisait déjà un bon moment qu'il se demandait comment il pourrait convaincre les employés de se rallier à son action, à sa guerre, et Madame Mathilde venait de lui en fournir le moyen.

Alex avait passé les dernières semaines à travailler sur les budgets des divisions avec l'équipe de Claude Savard. Il était devenu évident que la division « Pierres précieuses et diamants » ne faisait pas ses frais et qu'elle était une source de pertes constantes depuis sa création, deux ans auparavant. En fait, seules les deux premières divisions, « Électronique » et « Télécommunications », généraient des profits, les autres opéraient au point mort et la division « Pierres précieuses et diamants » affichait de fortes pertes. Tout cela avait pour effet que, globalement, INTERFORCE était au point mort depuis deux ans.

Alex avait envisagé à plusieurs reprises la possibilité de fermer cette division, mais il s'était buté à Claude Savard qui s'y opposait fermement. Selon lui, deux années suffisaient à peine pour lancer une nouvelle division; il fallait laisser la chance au coureur. Mais Alex avait le sentiment que cette division ne cadrait pas avec les autres, que les pierres précieuses étaient un marché fermé, contrôlé par un petit nombre de joueurs, et que l'avenir de cette division était voué à l'échec. Par ailleurs, Alex sentait que le courant ne passait pas entre lui et Claude Savard. Dès le début, il avait détecté une certaine résistance chez ce dernier. Peut-être était-ce parce qu'il s'estimait bousculé dans ses habitudes, peut-être était-ce parce qu'il était déçu de ne pas avoir été nommé président, peut-être était-ce dû au fait qu'il appréhendait de plus en plus la fermeture de la division des pierres précieuses. Peu importe, il était clair que l'arrivée d'Alex n'avait pas plu à Claude Savard.

Alex se tournait de plus en plus vers Steve Murray, avec lequel il se reconnaissait de nombreuses affinités. Steve l'avait déjà invité à dîner chez lui à deux reprises et Alex lui enviait sa belle petite famille. C'est Steve qui lui apprit que la division des pierres précieuses avait été l'idée de Claude Savard dès son arrivée chez INTERFORCE. Michel Laforce l'avait recruté de la grande firme comptable Maheux et Associés, responsable des états financiers d'INTERFORCE, et l'avait nommé contrôleur et vice-président aux finances, un poste crucial chez INTERFORCE. Devant l'insistance de Claude Savard, il n'avait pu résister à lui confier la nouvelle division. Depuis, à l'interne, tout le monde la considérait comme sa chasse gardée et malheur à celui qui s'interposerait.

Alex avait une idée en tête pour remplacer la division des pierres précieuses et il la confia à Steve Murray qui non seulement se montra fort enthousiaste, mais se demanda pourquoi personne n'y avait songé avant. Il pria Steve de se montrer très discret, tout en lui confiant le mandat d'entreprendre des recherches sur le sujet. Il voulait approfondir davantage son idée avant de la présenter au C.A. dont la réunion approchait à grands pas.

Durant tout le mois d'octobre, le titre d'INTER-FORCE fit du surplace et s'échangea entre 1,95 et 2,05 $. On aurait dit que pour tout nouvel acheteur, il y avait toujours un vendeur bien content de se débarrasser de ses actions. Alex avait ainsi acheté 200 000 actions additionnelles. Selon Madame Mathilde, un tiers des employés avait déjà souscrit au programme d'achat, la plupart acquérant de petites quantités.

Chapitre 12

Alex avait pris soin de faire parvenir l'ordre du jour de la prochaine réunion aux membres du C.A., près d'une semaine à l'avance. La réglementation en vigueur exigeait un C.A. indépendant, où la majorité des membres n'étaient pas reliés à l'entreprise. Chez INTERFORCE, le C.A. était on ne peut plus indépendant, puisque seul Alex était directement relié à l'entreprise. De plus, chaque membre amenait à la table une expertise certaine dans plusieurs sphères d'activités. Le président du conseil, Claude Lafond, était un expert en finance, Me Longtin, en droit corporatif, Hélène Jolicoeur, en communications, Paul Cadieux, en comptabilité, et Jacques Lacasse, en développement d'entreprises. Cependant, Alex avait l'intention de proposer éventuellement l'admission d'un second membre de la direction d'INTERFORCE sur le C.A., d'abord pour l'assister et ensuite pour préparer la relève.

À 14 h 45, tous étaient déjà présents pour la réunion qui débuterait à 15 heures. Pendant quinze minutes, les conversations allèrent bon train, alimentées principalement par le Professeur qui revenait d'un séjour à Paris. Un de ses anciens élèves, qui avait fait sa maîtrise aux

HEC dans le cadre d'un programme d'échange avec la France, possédait un appartement près des Champs-Élysées. Le jeune homme appartenait à une très riche famille française impliquée dans le vin et l'immobilier. C'est grâce aux liens qu'il avait tissés avec eux que le Professeur avait pris l'habitude de se rendre régulièrement à Paris pour des séjours d'une dizaine de jours. Alex remarqua qu'Hélène Jolicoeur était toujours aussi élégante et réservée. Dernière arrivée dans le groupe, elle était de loin le plus jeune membre du C.A. Au milieu de toutes ces têtes grises, Alex se dit qu'elle manquait peut-être d'assurance.

À 15 heures pile, le Professeur Lafond les pria de prendre place et la réunion débuta.

— Madame, messieurs, comme vous l'avez tous constaté, notre ordre du jour est chargé. C'est donc sans plus tarder que je cède la parole à notre nouveau président.

Fidèle à son habitude, Alex fit le tour de la table des yeux et prit une longue inspiration.

— Il y a maintenant presque deux mois que je suis à pied d'œuvre chez INTERFORCE. À ce jour, mon temps a été consacré à une analyse exhaustive de la situation. Nous sommes maintenant prêts à passer à l'action. Ma première constatation est celle-ci : une compagnie comme INTERFORCE ne devrait jamais perdre de l'argent. INTERFORCE est une entreprise de service qui a toujours été profitable et qui devrait continuer de l'être. À la lecture des résultats financiers du dernier trimestre, vous noterez qu'une légère perte a été enregistrée. Je suis bien déterminé à corriger cette situation en employant des mesures défensives, mais à long terme, je favorise aussi des mesures offensives. Il faut que ça change!

Après avoir passé en revue les résultats du troisième trimestre de septembre, des résultats sans surprise pour personne, sinon la légère perte, la première de l'histoire d'INTERFORCE, Alex distribua à chacun une copie du budget qu'il avait préparé pour la prochaine année. Celui-ci prévoyait un profit global de six millions de dollars, ou de 0,20 $ par action. Il leur raconta comment il avait décidé d'aborder le problème, c'est-à-dire à l'envers, malgré la forte résistance de l'équipe de finance. Puisque le titre d'INTERFORCE se négociait à 2 $, si à l'instar du marché boursier on ne tenait pas compte de l'encaisse, il fallait des profits de 0,20 $ environ pour justifier le cours, soit un cours/bénéfice de dix fois, un ratio considéré comme étant dans la norme à la Bourse pour une jeune compagnie peu connue!

— Je te reconnais bien là, Alex, dit le Professeur. Jamais capable de faire les choses d'une manière conventionnelle.

— C'est vrai, mais comme vous le constatez, les profits anticipés de six millions de dollars sont amplement justifiés par le budget. Environ trois millions de dollars proviendront des réductions de coûts et trois millions d'une augmentation du chiffre d'affaires et des abonnés.

Ensuite, il leur fit part du nouveau programme de primes à l'intention des employés. En octobre seulement, on avait déjà réussi à recruter une cinquantaine de nouveaux abonnés et ce n'était qu'un début.

— Mais, dit le Professeur, as-tu pensé que si nous suivons ton raisonnement, le titre devrait doubler d'ici un an, ce qui représente dix fois les profits prévus, et que l'encaisse va continuer d'augmenter?

— C'est justement ce qui m'amène au deuxième point de l'ordre du jour, le programme de rachat d'actions par la compagnie. Je crois que les actions sont complètement sous-évaluées présentement et qu'elles le seront davantage si on renverse la tendance actuelle. Pour le moment, notre meilleur investissement, et certainement le moins risqué, consiste à racheter nos propres actions.

— Je suis entièrement d'accord, renchérit le Professeur, et c'est une chose que j'ai toujours enseignée à mes élèves des HEC. À moins que les actions ne soient complètement surévaluées, ce qui n'est sûrement pas le cas ici, c'est le premier investissement que devrait envisager la direction d'une entreprise, surtout si les coffres sont bien remplis. On aurait dû mettre un tel programme en marche depuis longtemps, mais les événements ont retardé la décision. Normalement, les programmes de rachat annuels visent 5 % des actions en circulation, mais dans les circonstances, on devrait demander l'autorisation de racheter 10 % des actions qui ne sont pas détenues par la direction. On pourrait ainsi racheter environ 2,5 millions d'actions.

En outre, le moment est particulièrement propice pour démarrer le programme. On arrive à la fin de l'année, une période où les investisseurs qui ont fait des gains durant l'année scrutent méticuleusement leurs portefeuilles dans l'espoir d'y trouver des titres à perte susceptibles d'être vendus pour diminuer leurs impôts. Je crois que de leur point de vue, INTERFORCE est le candidat idéal présentement. Il devrait donc y avoir beaucoup de vendeurs d'ici la fin de l'année.

— Beaucoup d'employés ont souscrit au programme d'achat d'actions, dit Alex, et malgré les volumes de transactions qui augmentent, le titre n'a pas bougé d'un iota.

Après être passée au vote, l'affaire fut entendue.

Nous allons implanter le programme de rachat le plus tôt possible. Je suggère de confier les transactions à Michel Loriot qui travaille avec une grande firme de courtage. C'est d'ailleurs lui qui s'est occupé de l'achat des actions de Michel Laforce pour mon compte et qui rapporte mes transactions d'initiés aux autorités. C'est un homme responsable et efficace.

— Puis, dit Claude Lafond, on te donne par le fait même un petit coup de pouce que tu apprécieras sûrement. Ton objectif de 0,20 $ par action en sera facilité d'autant puisqu'il y aura moins d'actions en circulation l'année prochaine.

Alex eut un petit sourire en coin.

— Le prochain point à l'ordre du jour concerne la

relocalisation de l'entreprise sur la Rive-Sud. Comme vous étiez à la réunion des employés, vous avez dû sentir comme moi combien cette relocalisation est importante pour l'avenir d'INTERFORCE.

Hélène Jolicoeur intervint alors.

— Malheureusement, j'avais déjà une autre réunion cet après-midi là, mais j'en ai discuté avec plusieurs membres du C.A. depuis et tous semblent unanimes à ce sujet. Je n'ai d'ailleurs jamais compris le pourquoi des deux emplacements, si ce n'est pour des raisons historiques.

— En effet, dit Alex, mais aujourd'hui, des raisons économiques et stratégiques nous poussent à agir rapidement. Nos deux renouvellements de bail sont dus dans moins de six mois et j'ai déjà mis mon assistante, Mathilde Hardy, sur le dossier. À première vue, il semble que l'achat de la bâtisse que nous occupons à Longueuil, et son agrandissement pour reloger les employés du centre-ville, soit la meilleure solution, mais nous faisons affaire à un propriétaire coriace. Nous examinons toutes les options. Selon nos calculs, les économies seront substantielles à long terme, sans compter les effets positifs que cela pourrait avoir sur le personnel.

Jacques Lacasse, l'entrepreneur, intervint à son tour.

— Il y a toujours des avantages à être propriétaire plutôt que locataire. Une entreprise à ses débuts n'a peut-être pas d'autre choix que de louer, mais ce n'est pas le cas d'INTERFORCE qui doit en plus agir rapidement. De plus, je soupçonne que le site actuel est excellent et qu'il prendra certainement de la valeur avec le temps.

Je propose qu'on donne un mandat clair à la direction pour qu'elle entreprenne immédiatement des négociations avec le propriétaire.

La proposition fut entérinée à l'unanimité.

Le prochain point prévu à l'ordre du jour concernait l'avenir de la division « Pierres précieuses et diamants ». Alex leur fit un bref compte rendu de la situation. En deux ans, la division avait réussi à enrôler quelque 500 abonnés seulement, dont une centaine gratuitement pour les inciter à s'inscrire plus tard. Au bas mot, la division entraînait des pertes annuelles de plus d'un million de dollars pour INTERFORCE et Alex ne voyait pas le jour où elle serait profitable. C'était, selon lui, un marché fermé, difficile à pénétrer. Il en était venu à la conclusion que le mieux serait de fermer cette division, mais il fallait s'attendre à une forte opposition de Claude Savard. Il lui en avait déjà touché un mot à plusieurs reprises et s'était buté à une réaction très émotive de la part du principal intéressé. La discussion devint alors très animée autour de la table.

Après un moment, le Professeur la conclut ainsi.

— C'est un peu mon erreur! Claude Savard est arrivé dans l'entreprise à peu près en même temps que j'ai été approché pour prendre la tête du C.A.

Michel Laforce fondait de grands espoirs sur Claude Savard qu'il connaissait d'ailleurs depuis les débuts d'INTERFORCE. Lorsque Michel a proposé une nouvelle division « Pierres précieuses et diamants » au C.A., sous la supervision de Claude Savard, à priori l'idée semblait bonne et permettrait d'amener du sang neuf dans l'entreprise. Mais j'aurais dû m'objecter. On devrait toujours garder les finances et les opérations séparées. Maintenant, on est placé devant un beau dilemme!

Hélène Jolicoeur intervint à nouveau.

— Je ne veux pas parler au nom des autres membres, mais il me semble que la décision finale vous revient de droit, Alex. En tant que président, vous devez prendre des décisions parfois embarrassantes, mais si c'est pour le bien d'INTERFORCE, elles seront toujours justifiées.

— De toute façon, dit Alex, ma décision n'est pas encore prise. Je poursuis ma réflexion, mais j'apprécie vos commentaires.

Permettez-moi de faire une petite entorse à l'ordre du jour et de prendre avantage de la rubrique « varia » pour inviter Steve Murray, que vous connaissez déjà, à se joindre à nous.

Après avoir salué les membres du C.A., Steve prit place aux côtés d'Alex qui poursuivit.

— On planche sur une idée, Steve et moi, depuis quelques semaines et j'aimerais qu'il vous en glisse un mot.

— Pour rendre à César ce qui revient à César, l'idée vient plutôt d'Alex, mais elle m'a plu instantanément et je ne comprends pas pourquoi nous n'y avons pas pensé plus tôt. En bref, l'idée serait de créer une nouvelle division « Environnement ». On réunirait sur une de nos plateformes standards tous les fournisseurs spécialisés en environnement ainsi que tous les acheteurs susceptibles d'acheter leurs produits. Bien sûr, il faudrait prévoir des normes très strictes, surtout du côté des fournisseurs, et créer une certification environnementale crédible. Nous en sommes aux premiers balbutiements, mais nous croyons que l'idée mérite d'être creusée. Aujourd'hui, nous voulions vous la soumettre pour obtenir vos commentaires.

À voir les visages animés des membres du C.A., il était clair que l'idée leur plaisait.

— Je trouve l'idée particulièrement intéressante, dit le Professeur, et il convient d'y mettre tous les efforts nécessaires. Peut-être servira-t-elle de réponse à la question précédente, à savoir si nous devons fermer ou non la division « Pierres précieuses et diamants »?

— Il est clair que cette nouvelle division aurait beaucoup plus de potentiel que les pierres précieuses, dit Jacques Lacasse, le jeune entrepreneur qui avait l'habitude de sauter sur les idées novatrices.

Même Me Longtin et le fiscaliste, Paul Cadieux, semblaient emballés. Quant vint son tour de commenter, Hélène Jolicoeur surprit Alex et Steve par son aplomb.

— Comme les autres membres, je crois que c'est une excellente idée et qu'il faut mettre toutes les ressources nécessaires à son étude. J'aurais une ou deux suggestions à faire. En premier lieu, contrairement aux autres divisions qui sont actives sur tous les continents, vous devriez restreindre celle-ci à l'Amérique du Nord, du moins initialement, à cause des réglementations en vigueur et des normes sur les produits. Quoi qu'il en soit, le marché me paraît suffisamment vaste et certainement plus facile à cerner. En deuxième lieu, il faudrait trouver un porte-parole crédible, indépendant, qui accepterait d'endosser votre projet.

— Voilà deux observations extrêmement judicieuses, dit le Professeur.

Le Professeur Lafond avait pris Hélène Jolicoeur sous son aile depuis son arrivée au C.A. C'est d'ailleurs lui qui, l'ayant remarquée à l'occasion de conférences de presse, l'avait recommandée au C.A. Outre son intelligence vive, le fait qu'elle était fort jolie n'était pas pour lui déplaire et il la considérait un peu comme sa fille. Elle était là depuis seulement un an et déjà, elle s'était distinguée grâce à ses nombreuses recommandations et surtout, à son implication. Malgré son jeune âge et, aurait-on pu penser, son manque d'expérience, sa contribution avait été significative. Le Professeur n'en était pas peu fier, y voyant par le fait même la confirmation que son choix avait été le bon.

Madame, Messieurs, il se fait tard et j'aimerais une proposition pour lever la séance.

Après la réunion, le Professeur alla saluer Alex. Le prenant à part, il lui dit :

— Depuis que je suis chez INTERFORCE, je n'ai jamais vu un ordre du jour aussi chargé et un périple aussi bien amorcé. Ça augure bien!

— Oui, dit Alex, mais il ne faut pas s'attendre à un voyage paisible. Je m'attends à rencontrer de sérieux remous.

Chapitre 13

À la suite de la réunion du CA, ce qui importait le plus aux yeux d'Alex était l'achat de l'immeuble sur la Rive-Sud. Il fit donc venir Léonce Ménard à qui il raconta l'épisode de Madame Mathilde avec Rinaldi. La première réaction de ce dernier fut d'être choqué, puis il s'esclaffa.

— Ah! le sacripant. Je lui réserve un chien de ma chienne! Je le traînerais bien sur l'asphalte.

Depuis qu'il le connaissait, Alex avait remarqué qu'il utilisait souvent les mêmes expressions colorées pour conclure sa pensée. Mais c'était sympathique et faisait partie du personnage. Alex lui expliqua ce qu'il voulait. Léonce l'écouta attentivement et répondit :

— C'est comme fait, patron.

Alex avait sa petite idée en tête. Il voulait bien « réchauffer » Giuseppe Rinaldi pour la suite des choses. Puis, en compagnie de Madame Mathilde, il rencontra Marie Lagarde, de l'agence immobilière Lagarde, la firme qui semblait la plus apte à piloter le dossier de relocalisation sur la Rive-Sud.

Madame Mathilde avait chaudement recommandé Marie Lagarde et sa petite entreprise, qu'elle préférait de loin à la multinationale plus connue, à cause de la vaste connaissance qu'avait cette dame du marché immobilier de la Rive-Sud. Aujourd'hui dans la jeune cinquantaine, Marie Lagarde avait œuvré toute sa vie dans l'immobilier. Elle connaissait non seulement tous les propriétaires d'immeubles et les projets à venir, mais également les élus municipaux et la réglementation. Grâce à son expérience considérable, elle savait déterminer avec beaucoup de justesse la valeur des immeubles et des terrains, ce qui ne l'empêchait pas à l'occasion d'utiliser les services d'un évaluateur indépendant.

Curieusement, elle n'avait jamais fait affaire avec Rinaldi qui construisait ses propres bâtisses et s'occupait de trouver lui-même des locataires. Selon elle, la réputation de l'homme était épouvantable. Alors qu'il avait toujours entretenu sa réputation de « roi de la Rive-Sud », depuis quelque temps, des rumeurs circulaient à l'effet que sa situation financière se détériorait. Le fait que deux de ses immeubles restaient inoccupés ne calmait en rien les rumeurs. De plus, il semblait que le démon du midi s'était emparé de Rinaldi. Il était de moins en moins présent à son bureau et on disait qu'il fréquentait assidûment les bars miteux peuplés de jolies filles.

— Madame Lagarde, dit Alex, nous avons pris la décision de regrouper toutes nos activités sur la Rive-Sud. Madame Mathilde vous a recommandée pour nous conseiller à cet égard. Mais contrairement à l'usage courant qui veut qu'un agent soit payé à la commission, je souhaiterais vous engager en tant qu'experte-conseil. Nous sommes prêts à vous offrir 50 000 $ sur une base forfaitaire pour vos services. Afin que vous ayez une idée de ce que nous comptons faire, permettez que je vous énumère les options que nous envisageons : continuer à louer la bâtisse de Rinaldi, l'acheter, bâtir complètement à neuf ou acheter un immeuble existant. Mais nous souhaitons demeurer sur la Rive-Sud en raison de nos employés.

D'abord surprise de cette proposition, Marie Lagarde réfléchit quelques instants avant de signifier son accord.

— C'est la première fois que je reçois une offre de ce genre, mais elle me semble correcte. Je l'accepte volontiers.

— J'ai préparé une entente selon laquelle vous recevrez immédiatement la somme de 20 000 $. Quant aux 30 000 $ restants, ils vous seront remis dès que nous aurons pris une décision définitive, peu importe laquelle, y compris celle de continuer à louer nos présents locaux. Madame Lagarde, vous êtes engagée en qualité d'experte en immobilier.

Maintenant, j'aurais quelques questions à vous poser. Nous occupons présentement 40 000 pieds carrés à Longueuil. Si nous rapatrions notre siège social, nous aurons besoin d'environ 10 000 pieds carrés additionnels. Combien une bâtisse de cette dimension coûterait-elle aujourd'hui?

— Si vous bâtissiez à neuf présentement, en tenant

compte du fait qu'il s'agit de bureaux plutôt que d'un entrepôt, il faudrait compter dans les 125 $ du pied carré pour la bâtisse, soit environ 6 millions de dollars, et aux alentours d'un million de dollars pour le terrain.

— Selon vous, combien vaut la bâtisse dans laquelle nous nous trouvons actuellement, en sachant que toutes les améliorations locatives ont été effectuées par INTERFORCE?

— Pour un entrepôt, vous devez compter aujourd'hui 75 $ le pied carré dans le meilleur des cas.

— Donc si je vous suis bien, la bâtisse actuelle vaut 3 millions $, plus le terrain. Comme elle a été plus ou moins bien entretenue, elle vaut en réalité un peu moins, disons 2,5 millions $.

— Je crois que votre estimé est bon, mais vous devez tenir compte de l'emplacement. À mon avis, cet emplacement est probablement l'un des meilleurs sur la Rive-Sud, situé comme il l'est au croisement de deux autoroutes majeures.

Si vous obteniez le tout pour 3,5 millions, je crois que vous auriez toute une occasion entre les mains. Mais entre nous, je ne crois pas que Rinaldi soit vendeur, surtout à ce prix. Jusqu'à ce jour, il n'a jamais vendu un seul de ses immeubles. Il les a toujours loués. C'est sans doute à sa mort qu'ils seront vendus!

— Madame Lagarde, vous connaissez nos besoins. Je vous confie donc le mandat de rechercher sur la Rive-Sud un immeuble aux conditions que nous venons de discuter. Si jamais Rinaldi vous contacte, informez-le que nous ne sommes pas intéressés à négocier avec lui et que nous cherchons une solution de rechange. N'entrez pas dans les détails; dites-lui simplement que votre mandat est de chercher ailleurs, de préférence en vue d'une location.

Au courant de la semaine, Léonce Ménard avait adopté la stratégie de Madame Mathilde, à savoir qu'il s'était organisé pour attendre Giuseppe Rinaldi à la porte de son bureau très tôt le matin. Mais contrairement à la visite précédente de Madame Mathilde, Rinaldi n'invita pas Léonce à entrer. Il l'accueillit plutôt cavalièrement dans le stationnement. Sans perdre de temps, Léonce lui remit officiellement la facture des travaux de drainage du printemps dernier avec, en plus, une nouvelle estimation de 45 000 $ pour la mise à niveau de l'entrée électrique qui causait des problèmes depuis quelques années.

Rinaldi était devenu tout rouge et, furieux, il avait même bousculé Léonce. Après avoir passé de longues années dans la menuiserie, celui-ci avait une poigne d'acier que sa petite taille ne laissait pas soupçonner, de sorte que quand il avait saisi le bras de Rinaldi, ce dernier s'était calmé instantanément.

La table était mise.

La semaine suivante, Alex téléphona à Me Longtin, du conseil d'administration, pour obtenir de lui le nom d'un notaire de la ville de Québec, un endroit qu'il jugeait suffisamment éloigné de Longueuil pour que Rinaldi ne soupçonne pas ses plans. Me Longtin connaissait justement un ancien confrère de classe qui avait exercé à Québec pendant toute sa carrière. Aujourd'hui semi-retraité, Me Shooner pratiquait toujours. Alex lui téléphona immédiatement. Après s'être présenté, il informa son interlocuteur qu'il était référé par Me Longtin. En entendant ce nom, Me Shooner se détendit aussitôt et s'enquit longuement de son vieux camarade. Puis, ils en vinrent aux faits.

Alex expliqua ce qu'il voulait faire. Dans un premier temps, il transférerait la somme de 500 000 $ dans le compte en fiducie du notaire, ce qui permettrait à Me Shooner de soumettre aux Immeubles Rinaldi une offre d'achat irrévocable de 3 250 000 $ concernant la bâtisse qu'occupait INTERFORCE. Cette offre n'était pas sujette au financement. L'acheteur que représentait Me Shooner n'imposait qu'une condition : il ne devait pas y avoir de locataire dans l'immeuble au moment de la prise de possession.

En outre, le notaire n'était pas autorisé à divulguer le nom de l'acheteur. Au plus, il pouvait révéler que son client était une entreprise importante qui devait prendre une décision rapidement. L'acheteur avait un autre immeuble en vue. C'est pour cette raison que l'offre était valide pour cinq jours ouvrables seulement.

Alex le prévint qu'il devait s'attendre à recevoir un appel de Rinaldi. Il suffirait à Me Shooner de lui dire qu'il n'était pas autorisé à négocier, que l'offre était finale et sans conditions autres que l'inoccupation des lieux. Il devait aussi insister sur le fait que l'acheteur était sérieux et que la transaction serait payée comptant peu de temps après l'acceptation de l'offre en bonne et due forme. La balle était lancée, il ne restait plus qu'à attendre.

La première réaction eut lieu trois jours plus tard lorsqu'Alex reçut un appel de Marie Lagarde l'informant qu'elle avait reçu un appel de Rinaldi qui avait essayé de lui tirer les vers du nez. Conformément aux recommandations d'Alex, elle lui avait répondu que son seul mandat récent provenait d'INTERFORCE et qu'il consistait à trouver un nouvel immeuble sur la Rive-Sud, de préférence une location. Elle avait reçu des instructions très strictes de son client et malheureusement, il semblait que les dirigeants ne voulaient plus faire affaire avec les Immeubles Rinaldi.

Jeudi, le quatrième jour, Me Shooner contacta Alex. Il venait de recevoir un appel de Rinaldi qui se disait prêt à négocier. Le notaire lui avait rapidement fait savoir que l'offre était finale, qu'il n'était pas autorisé à négocier et que si Rinaldi n'acceptait pas, son client déposerait une offre sur un autre immeuble qu'il avait en vue. C'était on ne peut plus clair; Rinaldi disposait encore de 24 heures pour accepter ou laisser passer l'offre qui expirait le lendemain, vendredi, à 17 heures précises. Il se permit de lui rappeler que l'offre était très sérieuse et que son client était prêt à payer comptant dans les plus brefs délais.

Le vendredi, Marie Lagarde rappela à nouveau Alex. Elle venait de recevoir un autre appel de Rinaldi qui lui avait paru aux abois. Son appel avait pour but de s'enquérir si INTERFORCE serait éventuellement intéressée à acheter la bâtisse, ce à quoi elle avait répondu qu'INTERFORCE n'était ni intéressée à acheter la bâtisse, ni à renouveler son bail. Son mandat était de rechercher un immeuble à louer pour le compte d'INTERFORCE; elle n'avait reçu aucun mandat d'achat. Si Rinaldi y tenait, elle pourrait toujours vérifier avec le client, mais ça irait probablement à la semaine prochaine. Toutefois, elle doutait des résultats étant donné les relations difficiles entre INTERFORCE et Rinaldi, ainsi que les problèmes relativement à la bâtisse.

Ce vendredi-là, vers dix-sept heures, Alex était dans son bureau en compagnie de Madame Mathilde à qui il venait d'expliquer ce qu'il avait tenté de faire concernant Rinaldi. Il n'avait pas voulu lui dévoiler sa stratégie plus tôt car il craignait que quelqu'un laisse échapper le secret en cours de route. D'ailleurs, il n'en avait même pas parlé au conseil d'administration. De toute évidence, le plan n'avait pas fonctionné; il allait falloir recourir à un plan B. Alex était visiblement déçu. Madame Mathilde essaya de lui remonter le moral en lui annonçant qu'on recrutait de plus en plus de nouveaux clients. Quoi qu'il en soit, INTERFORCE avait le temps en sa faveur et il serait toujours possible de négocier un nouveau bail avec Rinaldi qui serait trop heureux, dans les circonstances, de ne pas perdre un bon locataire.

— De toute façon, dit Alex, je suis mûr pour un petit week-end à la campagne. Un peu d'air frais ne me fera pas de tort.

Ils étaient sur le point de quitter le bureau un peu avant 18 heures quand le téléphone sonna. C'était Me Shooner.

— Félicitations, à compter de maintenant, vous êtes l'heureux propriétaire de votre bâtisse. J'ai tardé quelque peu à vous l'annoncer car Rinaldi a accepté l'offre seulement vers 16 heures. Le temps de transférer les fonds et d'obtenir toutes les signatures, je peux maintenant vous confirmer que la transaction est coulée dans le béton.

Lorsqu'il raccrocha et qu'il lui annonça la bonne nouvelle, Madame Mathilde comprit qu'Alex avait reçu une bouffée d'oxygène. Il ne restait plus qu'à préparer les plans d'expansion de la bâtisse. Il n'y avait pas de temps à perdre; l'hiver arriverait bientôt.

— On va avoir de plus en plus besoin de Léonce Ménard, mais je crois qu'il n'attendait que cela. Sa vieille mère va être bien contente!

Madame Mathilde pouffa d'un petit rire.

— J'aimerais bien voir la tête de Rinaldi lorsqu'il connaîtra l'identité du mystérieux acheteur. Je pense qu'il aura les yeux un peu moins brillants... et qu'il va tomber de ses talons hauts.

Le grand-père d'Alex avait arpenté la terre de long en large avant de l'acheter pour s'assurer qu'il faisait une bonne affaire. En fin de compte, c'était la colonie de pins indigènes à proximité d'une ancienne carrière de sable qui l'avait convaincu de franchir le pas. La terre en soi n'avait pas beaucoup de valeur et, au 19ᵉ siècle, elle avait fait la misère de plusieurs générations de cultivateurs qui s'y étaient échinés à la sueur de leur front sans grands résultats. On disait de l'endroit que c'était le lit de l'ancienne Mer Champlain qui, des dizaines de milliers d'années auparavant, s'était lentement retirée pour ne laisser que le fleuve Saint-Laurent. Ce devait sans doute être vrai puisqu'en creusant le moindrement, on découvrait une mince couche d'humus ou de terre noire avec en dessous du sable, un sable gris sans apparence de vie et surtout, sans roche ni caillou. Les gens de la place l'appelaient sable à poux.

Mais les pins blancs y avaient trouvé un terrain de prédilection. Leurs racines pouvaient se déployer sans rencontrer aucun obstacle, rien qui aurait pu les empêcher d'étancher leur grande soif d'eau. Et de l'eau, il y en avait à satiété. À moins de deux mètres sous la surface, on rencontrait la nappe phréatique dans laquelle les racines buvaient tout leur saoul. Les pins blancs atteignaient une taille gigantesque et leurs cimes dépassaient de loin celles de tous les autres arbres avoisinants. Son grand-père avait coutume de dire :

« *Aussi fortes les branches et la cime, aussi fortes les racines* ».

Mais les grands pins blancs étaient concentrés près d'un button, là où commençait la terre. C'est à cet endroit qu'il bâtirait éventuellement le premier chalet. Au fronteau, en haut de la terre, il y avait une vaste superficie de près de six acres, où ne poussaient que du tremble, des aulnes et du bouleau gris, arbres de peu de valeur. Dès le début, la société sylvicole gouvernementale chargée d'aider les producteurs avait identifié ce secteur à des fins de reboisement en plantations. Le grand-père d'Alex avait beaucoup insisté pour qu'il soit reboisé en pins blancs, ce qu'on lui avait fortement déconseillé car le pin blanc, en plantation, pouvait facilement être infesté par le charançon qui s'attaquait à la cime de l'arbre. On lui avait plutôt suggéré de planter du pin rouge, une espèce qui s'accommodait parfaitement du sol sablonneux et qui n'était pas susceptible aux attaques de l'insecte. On avait donc planté des pins rouges de petit format à tous les deux pas et en rangs d'oignons pour éviter la concurrence des autres espèces.

Vingt-cinq ans plus tard, on avait procédé à une première coupe. À tous les sept rangs, on abattait tous les arbres pour tracer un nouveau chemin de débardage. Entre ces rangs, on récoltait un arbre sur trois parmi les moins beaux sujets pour ne garder que les plus droits et les plus forts. Alex avait été renversé de voir l'équipe de quatre bûcherons, un père et ses trois fils, s'attaquer à la plantation vierge, mais en prenant bien soin de ne pas blesser les arbres choisis. Aujourd'hui, se dressait une forêt de pins rouges de plus de huit mètres de hauteur, aux fûts altiers, qui continueraient de prospérer pendant encore de nombreuses décennies.

Chapitre 14

Alex avait confié à Claude Savard la tâche de mettre en place le programme de rachat des actions d'INTERFORCE et il s'était bien occupé du dossier.

Au milieu de novembre, INTERFORCE annonçait dans un bref communiqué de presse : « INTERFORCE a été autorisée par la Bourse de Toronto à racheter 10 % de ses actions non détenues par la direction, soit environ 2,5 millions d'actions. INTERFORCE croit que ces actions pourront être négociées occasionnellement à des niveaux intéressants et que l'achat pourra constituer à certains moments une utilisation appropriée de son encaisse et une façon intéressante d'accroître la valeur propre des actionnaires ».

Jusqu'à présent, Alex avait été très pris par les opérations internes de la compagnie et surtout par l'achat de la bâtisse. Maintenant, le temps était venu de s'occuper des relations externes. À l'époque de Wiley, il passait jusqu'à deux jours chaque semaine à rencontrer les investisseurs institutionnels, les courtiers, les spécialistes du financement corporatif, les banquiers et les comptables. Heureusement pour lui, il en allait différemment chez INTERFORCE; aucun courtier ne suivait le titre et le seul investisseur d'importance était un fonds mutuel de Montréal, spécialisé dans les titres de petite capitalisation, qui possédait environ deux millions d'actions.

Alex prit rendez-vous avec le gestionnaire principal du fonds, un dénommé Guy Ouimet. Passé les soixante ans, Guy Ouimet était un vieux routier de l'industrie. Même s'il était peu connu du grand public, sa réputation était excellente dans le milieu et on le considérait comme un investisseur de valeur à long terme. Il avait acheté les actions d'INTERFORCE plusieurs années auparavant aux alentours de 4 $. Lorsque le titre était monté jusqu'à 12 $, il avait passé pour un génie, mais en rétrospective il avait commis l'erreur de ne pas vendre à ce moment-là. Sans être « tombé en amour » avec le titre, il avait néanmoins cru fortement aux possibilités d'INTERFORCE. Surtout, il avait bien aimé la personnalité et le dynamisme de Michel Laforce. Le départ soudain ce dernier l'avait pris totalement par surprise et il avait hâte de rencontrer son successeur. Son fonds n'avait jamais été un actionnaire de Wiley, mais il avait surveillé la progression de la firme du coin de l'œil.

Alex lui fit une présentation détaillée de sa vision de l'entreprise, de chaque division, du plan de restructuration de la société, de sa relocalisation sur la Rive-Sud d'ici six mois. Alex savait parfaitement qu'il ne devait divulguer aucune information privilégiée. De toute manière, en gestionnaire d'expérience, Guy Ouimet ne souhaitait pas en obtenir, car cela aurait eu pour effet de restreindre ses gestes. Par contre, il tenait beaucoup à connaître le nouveau président, son envergure et sa capacité à analyser la situation et à relever de nouveaux défis. Il lui posa donc une foule de questions, si bien que la rencontre dura plus de deux heures. Visiblement, le lien s'était fait entre les deux hommes.

L'une des questions que lui avait posées Guy Ouimet était celle-ci : existait-il des clients importants susceptibles de mettre en danger INTERFORCE ou les perspectives de la société? Chez Wiley, deux clients avaient effectivement représenté chacun plus de 15 % des revenus, mais chez INTERFORCE, les clients étaient des abonnés qui payaient à peu près le même montant, minime par rapport à l'ensemble des opérations. Voilà un point de vue que je n'avais pas envisagé, se dit Alex, et qui renforça son optimisme quant à l'avenir d'INTERFORCE.

À la fin de la rencontre, Guy Ouimet lui dit :

— J'ai bien aimé notre rencontre. Malheureusement, ou heureusement, nous avons eu durant l'année de forts gains sur certains titres, gains qui sont imposables dans les mains de nos détenteurs. Nous pouvons éliminer ces gains en prenant des pertes sur d'autres titres du portefeuille. C'est précisément le cas d'INTERFORCE. Je n'ai pas pris de décision définitive et nous avons encore un peu de temps devant nous. J'ai vu cependant que les volumes de transactions sur le titre avaient augmenté substantiellement. Je remarque aussi que vous avez instauré un programme de rachat d'actions, ce qui pourrait faciliter notre décision de vendre. Nous pourrions cependant revenir à la charge en janvier. Évidemment, nous devrons distancer l'opération de vente et le rachat d'au moins 31 jours pour respecter les lois fiscales. Merci encore de vous être déplacé. Je vous souhaite la meilleure des chances.

Alors qu'Alex retournait à son bureau du centre-ville à pied, il se dit que ce serait bientôt l'hiver. Le vent s'engouffrait entre les gratte-ciel et les gens marchaient la tête basse, voutés, pour se protéger du froid. Ils étaient probablement résignés à la perspective d'un long hiver sans clarté suffisante et offrant peu de répit. Seule la promesse d'un printemps rapproché aurait pu les ragaillardir, mais quatre mois, c'était bien loin comme perspective.

De retour au bureau, Alex entendait consacrer le reste de la journée à travailler avec l'équipe de Claude Savard. Ce dernier lui demanda comment s'était déroulée la rencontre avec Guy Ouimet.

— Excellente, mais je crois qu'il va larguer son bloc d'ici la fin de l'année pour des raisons fiscales. Notre programme de rachat arrive à point et je vous félicite de la célérité dont vous avez fait preuve pour le mettre en place.

Claude Savard, peu habitué à des compliments de la part d'Alex, redressa les épaules.

— Au fait, dit Alex, vous me faites penser que je

dois contacter notre courtier, Michel Loriot, afin que nous soyons fin prêts à transiger davantage sur le titre. Je vais en profiter pour me retirer personnellement en tant qu'acheteur et ce, aussi longtemps que nous serons actifs sur le titre. D'ailleurs, j'ai déjà accumulé un bon nombre d'actions et je préfère laisser la place aux employés et à d'autres investisseurs.

— Comment pouvez-vous être aussi confiant? Je ne possède moi-même aucune action.

— Comme disent les Américains, c'est un *no brainer*. Avec une encaisse de 1,50 $, acheter à 2 $ est toute une occasion. Et avec tout ce qui s'est passé dernièrement, je suis persuadé que nous allons dans la bonne direction. Rien que l'achat de notre bâtisse nous permettra de réaliser des économies substantielles. En outre, Madame Mathilde me répète tous les jours que le climat s'améliore chez les employés et qu'on recrute beaucoup de nouveaux abonnés. Même la division « Pierres précieuses et diamants » a acquis deux nouveaux clients la semaine dernière.

Puis il demanda à Claude Savard de faire venir ses deux assistants, André Routhier et Reine Côté. Cette dernière le félicita de l'achat de la bâtisse de Longueuil.

— Je vois que les nouvelles vont vite, commenta Alex.

Effectivement, la nouvelle s'était répandue comme une traînée de poudre, notamment parmi les employés de la Rive-Sud. Alex n'avait pu découvrir qui avait vendu la mèche. Inquiet des répercussions possibles, il s'était empressé de communiquer avec Me Shooner de Québec craignant que la transaction puisse avorter. Mais celui-ci avait fait du bon travail et Rinaldi ne pouvait absolument plus rien. Comme il lui avait déjà dit, la transaction était coulée dans le béton.

La réaction des employés était un autre motif qui ravivait la confiance d'Alex.

L'équipe de Claude Savard avait fait des merveilles depuis la première réunion au cours de laquelle Alex avait dû cogner du poing sur la table et mettre les points sur les « i » et les barres sur les « t ». Il possédait doré-navant ce qu'il appelait « son tableau de bord » pour chaque division, plus un pour l'ensemble de la compagnie. D'un coup d'œil, il pouvait constater les amélio-rations effectuées, les correctifs à apporter et surtout il pouvait prendre des décisions éclairées et rapides en toute connaissance de cause. En bref, il était désor-mais en mesure de jeter un regard rapide sur toutes les activités et de se concentrer sur les nouvelles avenues de croissance qu'il avait malheureusement négligées récemment faute de temps.

Le mois de décembre arriva rapidement. Les travaux d'installation des puits de géothermie et de préparation des fondations de la nouvelle annexe étaient déjà enta-més. On espérait pouvoir monter la structure avant les fêtes pour compléter tranquillement les travaux inté-rieurs durant l'hiver. Le déménagement du siège social était prévu aux alentours du 1er avril, juste avant la fin du bail. Léonce Ménard surveillait les travaux avec la joie et l'enthousiasme d'un enfant. Il était sur le chantier de la barre du jour jusqu'à la nuit qui tombait de plus en plus tôt au Québec. Alex avait pris l'habitude de débuter la plupart de ses journées par une visite sur le chantier en compagnie de Léonce. Il s'aperçut très rapidement qu'il pouvait lui faire entièrement confiance. Léonce prenait totalement à cœur ses responsabilités accrues.

Les employés recrutaient constamment de nouveaux abonnés. Déjà, on pouvait affirmer que le dernier trimestre serait positif et qu'il risquait même de surprendre..

Curieusement, malgré les volumes de transactions de plus en plus élevés, le titre faisait du surplace. Il avait même atteint un bas de 1,75 $ pendant une certaine période. Alex aurait été le premier à acheter, mais il préférait laisser la compagnie exercer son programme de rachat et se remplir les poches.

Les employés manifestaient toutefois une certaine inquiétude; Alex et Madame Mathilde les rassuraient du mieux qu'ils le pouvaient. Plus de la moitié des employés détenaient maintenant des actions, soit qu'ils en avaient achetées personnellement, soit qu'ils en avaient reçues de la compagnie à titre de primes pour avoir recruté de nouveaux abonnés.

Steve Murray avait continué de plancher sur le projet de la division « Environnement », mais il réalisa rapidement que cette industrie était beaucoup plus complexe qu'il n'y paraissait à première vue. Même si on en parlait sérieusement depuis une vingtaine d'années, elle continuait d'être considérée comme très jeune. Paradoxalement, peu d'entreprises dans le domaine avaient connu le succès jusqu'à ce jour, bien que l'environnement eut été un sujet favori des médias et des politiciens; celles qui dégageaient un profit étaient encore plus rares.

Quelques jours avant Noël, alors que les activités se calmaient quelque peu chez INTERFORCE et que les employés avaient davantage en tête les emplettes et les soupers des fêtes, Alex et Steve se réunirent une journée entière dans la salle de conférence. Ordre avait été donné de ne pas les déranger à moins d'urgence.

Établir la base informatique de la nouvelle division « Environnement » n'était pas un problème pour Steve Murray et ils déterminèrent rapidement le coût du déploiement, avant de passer à d'autres sujets.

Steve Murray avait préparé deux listes d'organismes susceptibles d'être intéressés par un tel projet; d'un côté, les acheteurs, qui pourraient être aussi bien des organismes d'État, des États ou des provinces, des municipalités, des grandes entreprises de travaux publics, etc., et de l'autre côté, les fournisseurs, c'est-à-dire toute la panoplie des entreprises qui fabriquaient des équipements, qui fournissaient des services ou de la consultation sur les nouvelles énergies ou les économies d'énergie.

D'un côté comme de l'autre, il y avait des fournisseurs et des utilisateurs sérieux, mais il y avait aussi un tas de gens qui, notamment pour faire bonne figure, s'abonneraient uniquement pour la publicité ou l'honorabilité qu'ils en retireraient.

Comme l'avait laissé entendre Hélène Jolicoeur, le sujet était d'une telle complexité qu'il avait vite réalisé que limiter les activités strictement à l'Amérique du Nord était une nécessité.

Mais comment réconcilier tous ces aspects?

Il devenait évident que l'idée d'Hélène sur les avantages de s'allier un porte-parole universellement respecté prenait de plus en plus d'importance. Jusqu'à ce jour, chaque fois qu'INTERFORCE avait eu l'idée d'une nouvelle division, il avait suffi de dénicher une industrie et de réunir peu à peu le plus grand nombre d'acheteurs et de vendeurs possible. Mais ici, le modèle ne s'appliquait tout simplement pas.

À la faveur d'une pause, Steve dit :

— Hélène avait bien cerné le problème. Elle m'impressionne cette fille. Pourquoi ne lui demanderions pas son aide, Alex?

— Je ne crois pas que ce serait une bonne idée sur le plan officiel. À mon avis, les membres du C.A. ne devraient pas être associés aux opérations courantes, sauf lors des réunions du conseil.

— Alors, pourquoi ne pas l'inviter en dehors du bureau?

— Je l'ai déjà invitée à quelques reprises à prendre un verre après le bureau, mais elle a toujours refusé.

J'apprécie son intelligence, mais en tant que femme d'affaires, elle est difficile à approcher. Je le regrette, mais on dirait que le courant ne passe pas bien entre nous.

— Pourtant, je croyais qu'elle t'intéressait un peu, reprit Steve d'un ton taquin. Personnellement, elle m'aurait intéressé, mais depuis que Michelle est dans ma vie, il ne peut y avoir personne d'autre.

— Si ce n'était d'INTERFORCE, je dois t'avouer qu'elle ne me laisserait pas indifférent. Loin de là. Cependant, elle-même sent qu'il ne serait pas bon que nos relations dépassent les bornes du conseil d'administration. Je croyais que sa réserve faisait partie de sa nature propre, mais il semble qu'elle soit aussi de nature professionnelle. Mais comme je te l'ai dit, je ne veux pas mêler sentiments et affaires. De plus, je me suis mis les pieds dans les plats à quelques reprises, ce qui n'a sûrement pas aidé.

— Voici ce qu'on va faire. Tu es venu à la maison à quelques reprises déjà et les enfants t'aiment bien. Je t'invite jeudi prochain, entre Noël et le jour de l'An. Je vais également inviter Hélène en lui disant qu'après le souper, pendant que Michelle couchera les enfants, on aimerait s'asseoir avec elle, question de connaître ses idées sur la nouvelle division « Environnement ».

Le lendemain, Steve l'informa qu'il avait eu beaucoup de difficulté à convaincre Hélène. Il semble qu'elle éprouvait les mêmes réticences qu'Alex. En outre, elle croyait qu'un membre du C.A. ne pouvait accepter une invitation de ce genre. Mais comme elle avait elle-même proposé les deux suggestions et qu'il s'agissait d'un souper des fêtes en famille, elle avait fini par accepter.

Entre Noël et le jour de l'An, le bureau tournait au ralenti. Seuls les employés de soutien étaient sollicités un tant soit peu, mais encore là, il semblait que partout à travers le monde les clients partageaient les mêmes préoccupations, soit les fêtes et la famille.

Alex voulait en profiter pour approfondir le projet « Environnement ». Si jamais on décidait de le lancer, il faudrait probablement fermer la division « Pierres précieuses et diamants », mais peut-être pas! On avait recruté de nouveaux clients dans cette division également.

Pour en avoir le cœur net, il fit venir Reine Côté dans son bureau.

— Madame Côté, êtes-vous très occupée ces temps-ci?

— Ma foi non, presque tout le monde dans mon département est en vacances présentement. Je tiens le fort avec deux employées du service de la paye. Apparemment, les gens profitent du temps des fêtes pour prendre des vacances et être fin prêts pour la rentrée de janvier et les états financiers annuels.

— Madame Côté, je travaille présentement sur le projet d'une nouvelle division que je ne peux identifier pour le moment. Si jamais on la lançait au cours de la prochaine année, il faudrait y consacrer énormément de ressources et il se pourrait donc que la division « Pierres précieuses et diamants » soit abandonnée. Je dis bien « il se pourrait » car nous ne prendrons pas de décision finale tant que je n'aurai pas toute l'information nécessaire entre les mains. Vous savez que cette division ne fait pas ses frais, mais peut-être devrait-on continuer d'être patient. C'est ce que je veux déterminer et c'est la raison pour laquelle je vous confie cette tâche. Je veux avoir votre opinion avant de prendre une décision définitive. J'insiste pour que cela reste entre vous et moi; soyez très discrète. Vous savez que c'est le bébé de Claude Savard et je ne voudrais en aucun cas qu'il interprète ça comme un désaveu.

— Vous pouvez avoir toute confiance en moi, Monsieur Alex. Je vous promets d'être très discrète.

Le souper chez les Murray se déroula très bien, si ce n'est un incident au demeurant fort cocasse. Alex arriva vers 17 heures. Le choix d'une heure aussi hâtive permettait aux enfants de les accompagner durant le repas. Michelle, l'épouse de Steve, attachait beaucoup d'importance aux fêtes et la maison était joliment illuminée à l'extérieur. À l'intérieur trônait un magnifique sapin de Noël avec des bougies de toutes les couleurs et la maison était décorée de guirlandes et de rubans chatoyants.

Alex avait offert un immense bouquet de fleurs à Michelle, un excellent Châteauneuf du Pape à Steve, dont il savait les goûts, et deux livres aux enfants,

Christophe et Mathilde, âgés de sept et neuf ans.

Hélène sonna vers 17 heures 30. Elle fit son entrée dans un magnifique manteau long de vison noir qui la couvrait de la tête aux pieds, les joues rougies par le froid et les bras chargés de cadeaux. Un superbe poinsettia pour Michelle, une bouteille de Sancerre pour Steve et deux livres illustrés pour les enfants. Lorsque tous éclatèrent de rire, elle demeura un moment interdite. Puis quand les enfants lui expliquèrent qu'ils avaient reçu des cadeaux semblables d'Alex, l'atmosphère se détendit et le souper se déroula comme un charme.

Hélène et Michelle conversaient à bâtons rompus comme deux vieilles amies qui se retrouvent avec plaisir et il était évident que les enfants adoraient déjà Hélène. Seul Alex semblait rester sur son quant-à-soi et on aurait pu se demander qui de lui ou d'Hélène était le plus réservé.

Michelle avait préparé le repas traditionnel des fêtes au Québec, une succulente dinde farcie avec sauce aux canneberges, le tout accompagné du magnifique Sancerre qu'Hélène avait apporté et d'un délicieux Sauvignon Blanc de la Nouvelle-Zélande que Steve avait sorti de sa cave personnelle. Le vin et l'atmosphère festive eurent tôt fait de délier les langues, Alex inclus. Suivirent une assiette de fromages québécois et l'incontournable bûche au dessert. Bien que plantureux, le souper était simple; et c'est souvent la simplicité qui est la plus mémorable.

Tel que prévu, ils profitèrent du fait que Michelle couchait les enfants pour aborder le sujet de la division « Environnement ». Steve prit l'initiative d'expliquer à Hélène les difficultés auxquelles ils étaient confrontés. Elle avait bien eu raison de leur conseiller de se limiter à l'Amérique du Nord. Les enjeux étaient de taille et les épidermes sensibles. De toute évidence, INTERFORCE devrait manœuvrer avec beaucoup de subtilité et de doigté. Puisqu'elle était une entreprise commerciale, elle devrait justifier ce qu'elle apportait, sinon les groupes environnementalistes allaient la démolir. L'idée d'un porte-parole crédible suggérée par Hélène avait fait son chemin et ils en appréciaient désormais toute l'importance.

Hélène écouta attentivement. Silencieux, Alex avait laissé à Steve le soin d'expliquer toutes les embûches qu'ils entrevoyaient.

Hélène conclut la discussion.

— Je vous suggère de prendre tout votre temps. De toute manière, INTERFORCE a bien d'autres chats à fouetter. Je sentais instinctivement que l'idée d'une division « Environnement » était bonne, sans oublier pour autant les difficultés que cela suppose. Continuez à y réfléchir sans précipitation; un jour la solution se révèlera d'elle-même. Incidemment, après mûre réflexion, au lieu d'un porte-parole, je crois qu'une association avec un groupe environnemental pourrait également être envisagée. Ce serait peut-être encore plus crédible. Enfin, vous verrez bien.

Alex fut une fois de plus étonné de ses propos. Elle avait le don de couper à l'essentiel avec beaucoup de bon sens. À l'arrivée de Michelle, la discussion dévia lentement vers les enfants et les vins où Steve passait pour un expert. Il répondait toujours que ses connaissances étaient limitées dans le domaine, mais qu'il appréciait particulièrement les bons vins que lui suggérait un expert québécois, auteur d'une lettre mensuelle à laquelle il était abonné depuis une dizaine d'années.

La soirée aurait été parfaite si ce n'est que vers 22 heures, la conversation glissa sur le caractère commercial de la fête de Noël.

— Quant à moi, dit Alex, je pense que Noël est tout simplement la fête des enfants. Pour eux, le père Noël semble avoir beaucoup plus d'importance que le petit Jésus.

— C'est peut-être le cas pour plusieurs, répliqua Hélène, mais pas pour ma famille ni pour moi. Je ne manquerais pas la messe de minuit pour tout l'or du monde.

Sentant un froid s'installer, Michelle et Steve changèrent vite de sujet, mais quelque temps plus tard, Hélène annonçait son départ.

Il était près de minuit lorsqu'Alex et les Murray se quittèrent en s'embrassant et en se souhaitant plein de bonnes choses pour la nouvelle année que tous sentaient cruciale pour INTERFORCE.

Durant la nuit, une grosse bordée de neige s'était abattue sur la région. Une neige fine comme du sucre à glacer recouvrait les conifères qui, déjà alourdis par de nombreuses chutes de neige, ployaient sous ce doux manteau d'hermine, rétrécissant les chemins de bois et formant des tunnels.

D'un ciel bleu sans tache, les pâles rayons du soleil d'hiver se frayaient un passage à travers les branches, faisant plisser les yeux. Pas un souffle de vent ne venait embrouiller le paysage. Le tout donnait l'impression d'un tableau irréel, tel que la nature en peint rarement durant l'hiver, le plus souvent au lever du jour ou le soir, lorsque les derniers rayons du soleil viennent bleuter, puis rosir l'horizon.

Alex avançait, ses raquettes aux pieds, car une trentaine de centimètres de cette neige poudreuse était tombée recouvrant tout sur son passage. Ce n'était que silence, aucun bruit ne venant troubler l'atmosphère. Pas une bête à l'horizon, comme si elles s'étaient toutes immobilisées pour mieux contempler le tableau.

C'est alors qu'Alex aperçut une petite brèche dans cette neige à perte de vue, un point qui lui sembla aussi minuscule qu'une tête d'épingle mais qui brisait l'uniformité.

Il s'approcha et tomba presqu'à la renverse. Deux claquements secs comme des coups de feu, la neige qui explose à plus de deux mètres, puis deux éclairs blancs entre les branches. C'étaient deux perdrix, enfouies dans la neige pour se mettre à l'abri, qu'il avait surprises dans leur sommeil.

Alex poursuivit sa marche, mais les battements de son cœur mirent du temps à se calmer.

Chapitre 15

Le premier jour ouvrable de la nouvelle année, Alex et Madame Mathilde le passèrent sur la Rive-Sud à rencontrer les employés à tour de rôle. Accompagnés de Maria Sanchez, ils profitèrent de leur tournée pour souhaiter la bonne année à chacun, discuter brièvement des fêtes, du retour au travail, de choses et d'autres. Manifestement, le moral des troupes était à son plus haut niveau depuis longtemps et tous trois envisageaient la nouvelle année avec optimisme.

On entendait le martèlement des ouvriers affairés à la nouvelle annexe, mais plutôt que de perturber les opérations, cette activité semblait animer les employés. Ils rendirent une petite visite à Léonce Ménard qui, tout fier, leur fit faire le tour du propriétaire. La coquille extérieure était entièrement fermée et les ouvriers commençaient à s'attaquer à la finition, la tâche la plus longue. Léonce était pleinement confiant de leur livrer la bâtisse à temps pour le premier avril.

L'installation des appareils de géothermie et d'une nouvelle salle électrique aurait lieu durant le mois de janvier. Les travaux avaient été confiés à un entrepreneur général qui avait de l'expertise dans ces travaux clés en main, mais déjà les ouvriers avaient pris l'habitude de demander conseil à Léonce qu'ils tutoyaient comme s'ils le connaissaient depuis toujours. Léonce ponctuait ses conseils d'une bourrade amicale, d'un éclat de rire et de son expression favorite : « On ne fait pas du verre taillé avec de la cruche » qu'il s'adressait autant à lui-même qu'aux employés. Alex se dit que Léonce était une espèce à part et que s'il n'existait pas, il faudrait l'inventer. Il était bien content de lui avoir confié autant de responsabilités. Non seulement les travaux s'effectuaient dans la bonne humeur, mais à ce jour ils étaient en avance sur l'échéancier et les budgets.

Au début de l'après-midi, Alex et Madame Mathilde étaient revenus aux bureaux du centre-ville pour répéter l'exercice du matin avec les employés du siège social. Mais là, l'ambiance était beaucoup plus réservée et ils ne mirent pas plus d'une heure à saluer et à s'enquérir de chacun. Quand ils firent le tour du département de la comptabilité, Reine Côté demanda discrètement à Alex si elle pouvait le rencontrer au courant de l'après-midi.

— Venez donc vers 15 heures, lui dit Alex, en se faisant la réflexion que, conformément à sa réputation, elle avait fait diligence et qu'elle était déjà en mesure de lui faire un rapport sur la division « Pierres précieuses et diamants » et peut-être même de lui apporter des suggestions utiles.

Alex n'avait pas l'habitude de laisser traîner les choses. Il en avait d'ailleurs fait une résolution pour la nouvelle année. Il avait demandé à Madame Mathilde d'assister à la rencontre car il souhaitait connaître aussi son opinion.

Reine Côté se présenta à l'heure dite. Elle semblait mal à l'aise et Alex, pensant que c'était la présence de Madame Mathilde qui la gênait, surtout qu'il avait exigé de sa part une grande discrétion, la rassura et l'engagea à présenter son rapport devant Madame Mathilde sans problème.

— Oh! ce n'est pas Madame Mathilde qui est le problème, mais je n'ai pas dormi depuis plusieurs jours.

— Ne vous en faites pas, Madame Côté, c'est le cas de plusieurs d'entre nous qui avons un peu abusé du temps des fêtes.

— Ah! le temps des fêtes a été bien tranquille pour moi cette année. Ce n'est pas ça! dit Reine Côté qui hésitait encore.

Voilà, j'ai une très mauvaise nouvelle pour vous Monsieur Alex.

Alex et Madame Mathilde levèrent des yeux surpris vers elle.

— Je ne sais trop comment vous dire, mais voilà : Claude Savard vole INTERFORCE depuis son arrivée, il y a deux ans.

Un silence de plomb tomba dans la pièce. Alex et Madame Mathilde se regardèrent, interloqués. Madame Mathilde rompit le silence la première.

— Êtes-vous bien sûre de ce que vous avancez?

C'est très grave!

— Malheureusement oui, et je n'en dors plus depuis que je l'ai appris. J'ai vérifié et contre-vérifié. Il n'y a aucun doute.

— Comment avez-vous découvert la chose? dit Alex qui reprenait ses esprits.

— Vous m'aviez demandé un rapport dans le but d'améliorer la situation de la division « Pierres précieuses et diamants ». Pendant deux jours, j'ai fouillé, mais sans résultats notables. D'ailleurs, on avait déjà fait l'exercice à plusieurs reprises depuis votre arrivée, depuis que vous nous aviez demandé ces fameux tableaux de bord. En regardant de nouveau plus attentivement celui de la division « Pierres précieuses et diamants », j'ai été intriguée par le nombre d'abonnements gratuits. Si on comparait ce tableau à celui des autres divisions, les abonnements gratuits étaient beaucoup plus nombreux, en pourcentage et surtout en durée. En effet, dans les autres divisions, on abonne parfois un client potentiel gratuitement, mais c'est pour une période qui dépasse rarement trois mois. Dans le cas présent, plusieurs abonnements gratuits approchaient la durée d'un an, ce qui m'a semblé anormal. Monsieur Savard avait l'habitude de dire qu'il fallait être beaucoup plus agressif avec cette nouvelle division et c'était sans doute logique. De plus, c'était lui qui décidait qui avait droit à un abonnement gratuit.

J'ai pris sur moi d'appeler un abonné bénéficiant

de la gratuité et j'ai eu la responsable au téléphone. Vous me pardonnerez, mais j'ai pris la liberté de me faire passer pour la superviseure du service à la clientèle. Je lui ai posé plusieurs questions sur le niveau de satisfaction, sur les points que nous pourrions améliorer, sur le degré d'utilisation de sa firme, enfin toutes les questions que l'on pose normalement dans les sondages. Puis à la fin de la conversation, je lui ai demandé si elle recommanderait notre service et si, éventuellement, elle comptait s'abonner. C'est là que j'ai été stupéfaite d'apprendre que leur « abonnement » prenait fin le 15 juin prochain et qu'ils verraient à ce moment-là.

Grâce à la date d'échéance, j'ai pu retracer la transaction initiale et effectivement, le client s'était bel et bien abonné le 15 juin dernier par carte de crédit VISA. Puis en septembre, j'ai découvert qu'il y avait eu un remboursement complet, toujours par carte VISA, et que l'abonnement avait aussitôt été converti en abonnement gratuit. Quant au remboursement, il avait été crédité à un nommé Pierre Legendre.

J'ai vérifié. Il se trouve que Pierre Legendre est un de nos employés en informatique; or, il ne savait absolument rien de cette carte de crédit. Il semble que Claude Savard, qui avait accès aux fiches de tous nos employés, à leur date de naissance et à tous les renseignements utiles, faisait émettre des cartes de crédit à titre de comptes de dépenses au nom de certains employés, puis se faisait livrer ces cartes à nos bureaux.

J'ai fouillé les abonnements gratuits et presque tous avaient subi le même traitement, souvent en utilisant des cartes de crédit différentes.

— Sachant combien il est facile aujourd'hui d'obtenir une carte de crédit, je vois très bien la méthode, dit Alex. Tôt ou tard, Claude Savard se serait fait prendre, mais comme la plupart des escrocs, la facilité initiale de la chose lui a procuré un sentiment d'invulnérabilité. Peut-être aussi considérait-il ses manigances comme des emprunts qu'il rembourserait un jour, par exemple le jour où il deviendrait président, qui sait.

Madame Côté, de combien pensez-vous qu'il a ainsi escroqué INTERFORCE?

— Selon mes calculs, avec environ une centaine d'abonnés par année, on parle de 500 000 $ US pour les deux années. Bien sûr, il a peut-être volé par d'autres moyens, mais je n'ai rien trouvé jusqu'à présent.

— Madame Côté, ça tombe bien! Claude Savard revient de vacances demain seulement et d'ici là, je vous demande d'être aussi muette que la tombe. Malgré que ce soit dans des circonstances regrettables, je vous remercie pour votre excellent travail et je vous tiendrai au courant des développements. Préparez-moi tout le dossier et apportez-le-moi le plus tôt possible.

Madame Mathilde, mue par une impulsion subite, demanda à Reine Côté :

— Le jour de la présentation de Monsieur Alex en septembre dernier, j'ai vu Claude Savard en grande discussion avec une très jolie blonde d'environ 35 ans. Depuis, je ne l'ai jamais revue.

— Ah! vous voulez sans doute parler de Maryse Labelle. Elle a quitté l'entreprise cette journée-là. Maryse avait suivi Claude Savard à son départ de Maheux et Associés et elle était au service de la paie depuis. Elle s'était entichée de lui, mais depuis quelque temps, ça ne semblait pas aller très bien entre eux.

Après le départ de Reine Côté, Alex et Madame Mathilde se regardèrent, consternés.

— Au moment où tout semblait aller sur des roulettes, c'est bien la pire chose qui pouvait arriver. Si jamais le marché apprenait la chose, tout ce qui a été accompli jusqu'à aujourd'hui n'aurait plus aucune valeur et INTERFORCE perdrait toute crédibilité.

Il faut réunir quelques membres du conseil en catastrophe. Je suggère qu'on demande à Claude Lafond, Me Eric Longtin et Paul Cadieux, le comptable fiscaliste, d'assister dès que possible à une réunion extraordinaire. Ils pourront nous conseiller sur la meilleure marche à suivre dans les circonstances.

Malheureusement, le Professeur Lafond effectuait un de ses nombreux voyages en France et serait de retour seulement à la fin de la semaine. Les deux autres membres du C.A. étaient disponibles et ils acceptèrent de se rendre aussitôt au siège social.

Alex et Madame Mathilde leur exposèrent les faits tels que Reine Coté les avait découverts. Après un lourd silence, Me Longtin prit la parole.

— Nous nous trouvons dans une situation on ne peut plus délicate. L'idéal serait évidemment que Claude Savard démissionne de son propre chef. Comme il a laissé beaucoup de traces, il pourra difficilement nier les faits. S'il résiste, vous n'aurez qu'à le congédier sur-le-champ, même si la méthode semble quelque peu cavalière. Dès que vous l'aurez vu, demain matin à la première heure, il devra quitter immédiatement le siège social, sans avoir eu la possibilité d'entrer dans son bureau, ne serait-ce que pour en retirer ses effets personnels. Il ne doit surtout pas avoir accès à son ordinateur. En outre, il est préférable qu'il ne parle à aucun employé.

Paul Cadieux intervint alors :

— Je n'arrive pas à comprendre que les gens de Maheux et Associés n'ont pas décelé la fraude. Ils procèdent toujours par sondage et échantillonnage, et vu le nombre important d'abonnements gratuits, ils auraient dû avoir la puce à l'oreille. Surtout que le manège dure depuis deux ans déjà. Il faut croire que la présence de Claude Savard sur place les a fait baisser leur garde. Si la chose se savait, Claude Savard perdrait son titre de comptable agréé immédiatement et Maheux et Associés serait dans l'embarras. Dans les circonstances, personne n'a intérêt à ce que la chose atterrisse sur la place publique.

Ce que je ne comprends pas, c'est pourquoi il s'est laissé entraîner dans une telle fraude.

— Il semble bien, d'après Madame Mathilde, qu'il menait une double vie et que ces « emprunts » lui servaient à entretenir une maîtresse ou même plusieurs et à mener un train de vie flamboyant, répondit Alex.

— On vient juste d'apprendre, dit Madame Mathilde, qu'une employée qui a démissionné il y a deux mois, pourrait possiblement nous éclaircir sur le sujet, mais les choses étant ce qu'elles sont, à quoi bon savoir le pourquoi une fois qu'on est devant le fait accompli.

Me Longtin conclut en disant :

— Si vous obtenez sa démission, INTERFORCE émettra un communiqué succinct d'ici quelques jours annonçant que Claude Savard a remis sa démission pour des motifs personnels. Si jamais il résiste, nous ferons appel à un avocat criminaliste. Je crains bien que nous n'aurons pas le choix. Nous aviserons en temps et lieu.

Peu après, chacun partit de son côté, en se disant que la nouvelle année débutait décidément sur un bien mauvais pied pour INTERFORCE.

Le lendemain matin, dès 7 heures, Alex et Madame Mathilde attendaient de pied ferme l'arrivée de Claude Savard au siège social. Tous deux avaient les yeux cernés et l'air abattu, signes d'une très mauvaise nuit.

Pendant un moment, Alex avait pensé faire appel à un garde de sécurité pour escorter Claude Savard dans les bureaux, puis il s'était ravisé préférant plutôt régler la chose lui-même le plus civilement et surtout, le plus discrètement possible. D'un commun accord avec Madame Mathilde, il avait préparé la lettre de démission de Claude Savard dans laquelle il était précisé que ce dernier quittait pour des raisons personnelles et que les deux parties agréaient les termes de la cessation d'emploi, soit deux mois de salaire. Les deux parties s'engageaient de part et d'autre à mettre fin à l'emploi sans aucun autre recours et à garder l'entente confidentielle. Il avait pensé, à un moment donné, faire appel à Me Longtin ou à l'avocat de la firme, mais il était pressé par le temps et il ne voulait surtout pas compliquer l'affaire en l'assujettissant à un verbiage légal.

Alex avait demandé à Madame Mathilde de se poster à la réception pour attendre Claude Savard et l'amener dare-dare dans son bureau où elle devait assister à la rencontre.

Vers 9 heures, on cogna à la porte de son bureau. Claude Savard fit son apparition, suivi de Madame Mathilde. Il était resplendissant, le teint hâlé. Ostensiblement, il avait bien profité de sa pause de deux semaines dans le sud. À côté de lui, Alex et Madame Mathilde faisaient piètre figure avec leur teint blanchâtre et leurs yeux cernés.

Alex avait beaucoup réfléchi et décidé d'adopter la méthode la plus directe possible.

— Monsieur Savard, j'ai ici votre lettre de démission. Je vous suggère de la lire et de la signer. J'ai aussi là le rapport complet qui décrit de quelle manière vous fraudiez INTERFORCE depuis deux ans par le biais des abonnements gratuits. C'est sans compter ce que nous pourrions apprendre de plus avec un examen comptable plus exhaustif.

Claude Savard perdit instantanément de sa superbe et ses épaules se voûtèrent. Puis dans un soudain regain d'énergie :

— Il est inutile de penser que vous allez obtenir ma démission. Et d'ailleurs, de quel droit me la demandez-vous?

— Monsieur Savard, je vous suggère d'examiner attentivement ce rapport. Pour votre gouverne, il a été préparé à l'interne.

Pour chaque détournement, Reine Côté avait établi un ordre séquentiel où se retrouvait l'information suivante : le nom de l'abonné et la date de l'abonnement, la date à laquelle l'abonnement avait, pour ainsi dire, été mis sur une voie de garage et l'utilisation des fonds détournés par un Claude Savard qui vidait allègrement les cartes créditées en procédant ultérieurement à une multitude d'achats.

Claude Savard avait décidé d'adopter un ton belliqueux, estimant sans doute que la meilleure défensive était de passer à l'attaque.

— Qui s'est permis de fouiller dans mes dossiers durant mon absence?

— Monsieur Savard, je vous ferai remarquer que ce ne sont pas vos dossiers, mais bien ceux d'INTERFORCE. Quoi qu'il en soit, vous êtes dans le champ; là n'est pas la question. La question se présente comme ceci : soit vous me remettez calmement votre démission et on n'en parle plus de part et d'autre, soit vous me forcez à vous congédier et à prendre toutes les mesures civiles et criminelles contre vous. D'une façon ou d'une autre, la décision est la vôtre.

Changeant alors d'attitude, Claude Savard, qui se savait coincé, répondit :

— J'ai toujours eu l'intention de rembourser INTERFORCE. Il s'agissait uniquement d'emprunts.

— Même si vous aviez remboursé intégralement ces « emprunts », comme vous dites, ou que vous me promettiez aujourd'hui de les rembourser, vous auriez brisé le lien de confiance avec l'entreprise et j'exigerais quand même votre démission.

Claude Savard ressemblait à une bête traquée. Sur son front commençaient à perler des gouttes de sueur et il lançait des regards inquiets en direction d'Alex et de Madame Mathilde. Mais comme toute bête aux abois acculée dans un coin, il lança une dernière attaque.

— J'ai l'intention de me défendre vigoureusement et je ne vous remettrai certainement pas ma démission, surtout compte tenu des conditions pitoyables que vous m'offrez.

Avez-vous pensé à toutes les conséquences qu'auraient pour INTERFORCE mon congédiement et une éventuelle poursuite? Si vous alliez sur la place publique avec cette affaire qui, en définitive, n'est pas si grave que ça, INTERFORCE aurait beaucoup plus à perdre que moi-même en termes de mauvaise publicité, de temps perdu et de coûts légaux, sans compter les contre-poursuites potentielles.

— Monsieur Savard, je vais peut-être vous surprendre, mais j'ai bien réfléchi à la question et j'ai décidé que, peu importe la décision, ce serait la vôtre. Ou vous me remettez votre démission immédiatement, ou je vous congédie sur-le-champ.

Claude Savard se vit comme un tireur au poignet confronté à plus fort que lui, à un adversaire à la poigne d'acier et au bras inflexible, sentant qu'à tout moment, il sera renversé. À contrecoeur, il concéda la défaite, du moins pour le moment.

— OK, donnez-moi cette lettre que je la signe, mais attendez-vous à avoir de mes nouvelles un de ces jours.

Madame Mathilde l'intima de lui remettre les clés du bureau et l'avisa que ses affaires seraient livrées d'ici quelques jours à son domicile. Alex le raccompagna à la porte de l'édifice en s'assurant qu'il ne parle à personne et qu'il quitte la place sans rien emporter.

Chapitre 16

Pour Alex et Madame Mathilde, les semaines suivantes s'écoulèrent dans un climat de morosité et d'hébétude. Alex, surtout, était sorti de cet épisode comme démoli; le cœur n'y était plus. Ce qui était arrivé allait à l'encontre de toutes ses valeurs. Bien sûr, ils continuaient de vaquer à leurs occupations respectives, mais sans entrain.

Alex se souvenait que lorsque sa mère parlait de quelqu'un qui avait enfreint les règles, causait du tort ou commettait une injustice, elle disait : « C'est un malfaisant ». Et c'est exactement ce qu'était Claude Savard; un malfaisant, quelqu'un qui n'avait aucun respect pour les règles.

Alex avait demandé à Reine Côté de prendre la direction intérimaire de la comptabilité et surtout, de faire preuve d'une discrétion exemplaire. Selon elle, son assistant, André Routhier, n'était pour rien dans la fraude perpétrée par son patron. D'abord désemparé par le départ abrupt de Claude Savard, celui-ci avait toutefois repris très vite son travail normal et elle n'avait rien à lui reprocher. De toute évidence, il ignorait tout des malfaisances de son patron.

À la fin de la semaine qui avait marqué le départ

de Claude Savard et une fois que tous les membres du C.A. eurent été rencontrés, un bref communiqué avait été émis annonçant le départ de Claude Savard à titre de vice-président aux finances pour des motifs personnels, ainsi que la décision du C.A. de le remplacer par Alex Le Grand pendant l'intérim.

Hélène Jolicoeur s'était encore une fois occupée du communiqué et elle avait insisté pour que l'agence de communications le mette sur le fil de presse le vendredi soir, après la fermeture de la Bourse, de façon à faire le moins de vagues possible. Elle en avait profité pour encourager Alex qui semblait toujours très abattu.

Sur le coup, il n'y eut aucune réaction de la part des médias. Même au sein de l'entreprise, le départ de Claude Savard avait été accueilli sans grands regrets. De plus, le cours du titre avait commencé à prendre de la vigueur. La pression exercée par les investisseurs qui se départissent de leurs titres les moins performants en fin d'année pour des raisons fiscales ayant disparu, le titre s'était stabilisé aux alentours de 2,25 $.

Pourtant, cette réaction positive face au titre n'eut aucun effet sur l'humeur d'Alex et les employés se rendaient désormais compte que leur patron avait perdu son enthousiasme des premiers temps. Même Léonce ne parvenait plus à le dérider comme autrefois. Le regain du titre aurait dû réjouir leur patron tout autant qu'eux, mais à l'évidence ce n'était pas le cas. La construction qui avançait à grands pas, sans pépins sérieux, aurait également dû le réjouir, mais il effectuait ses visites journalières sans manifester aucun entrain, laissant toutes les initiatives à Léonce.

Madame Mathilde se reprit la première et c'est elle qui rapporta à Alex les rumeurs qui commençaient à circuler parmi les employés. Claude Savard ne serait pas parti pour des motifs personnels, mais en raison d'un grave conflit avec Alex. Même si son départ n'était regretté de personne, surtout des femmes, les employés savaient que le poste de vice-président était important pour une entreprise et à leurs yeux, le fait que Claude Savard n'avait pas été remplacé immédiatement pouvait à la longue se répercuter sur le succès d'INTERFORCE.

Ils n'étaient pas sans ignorer non plus que Claude Savard avait été recruté par Michel Laforce. Ils croyaient donc qu'il avait sûrement été pressenti pour le remplacer à la présidence. En outre, le fait qu'il soit parti abruptement, sans préavis, n'était pas pour calmer les rumeurs qui prenaient chaque jour de l'ampleur.

Alex sortit momentanément de sa torpeur pour déclarer que décidément les rumeurs naissaient rapidement chez les employés. Il se rappelait qu'au moment de l'achat de l'immeuble sur la Rive-Sud, la nouvelle s'était répandue comme une traînée de poudre.

Mais les rumeurs qui, jusque-là, circulaient à l'interne, avaient sans doute gagné l'extérieur car quelque temps plus tard, il reçut l'appel d'un journaliste travaillant pour un journal d'affaires qui désirait obtenir ses commentaires. Se faisant bref, Alex se contenta de répéter ce qui avait déjà été publié dans le communiqué public à savoir que Claude Savard était parti pour des raisons personnelles. Si le journaliste voulait en savoir plus, il devait s'adresser à Claude Savard lui-même, ce à quoi le journaliste répliqua qu'il avait réussi à rejoindre Claude Savard et que celui-ci n'avait pas voulu élaborer davantage sur le sujet. Les rumeurs ne venaient donc pas de lui.

À la suite de cet entretien, un bref article parut dans le journal d'affaires à l'effet qu'il y aurait eu une grave mésentente à la tête d'INTERFORCE, mais que ni Alex Le Grand, ni Claude Savard n'avaient voulu commenter. Alex avait ajouté qu'il continuait d'appliquer le plan d'affaires établi à son arrivée et que de plus amples détails seraient communiqués lors de l'assemblée générale annuelle prévue pour avril. Pour le moment, les travaux allaient bon train sur la bâtisse de la Rive-Sud, de sorte que l'entreprise serait rassemblée sous un même toit à peu près à la même date. Le regroupement des activités comptait parmi les premières mesures qu'Alex avait instaurées à son arrivée et il serait bénéfique pour l'avenir d'INTERFORCE.

Le grand public et les actionnaires n'attachèrent d'importance qu'au premier paragraphe de l'article, concernant la possibilité d'un différend à la tête d'INTERFORCE, puisque dans les jours qui suivirent, le cours du titre redescendit en bas de 2 $ sur d'importants volumes. INTERFORCE en profita pour compléter, ou presque, son programme de rachat.

Ces développements n'avaient rien pour remonter le moral d'Alex, mais Madame Mathilde, elle, retrouvait sa combativité d'antan. Une chose continuait toutefois de la chicoter : le mystère Maryse Labelle. Décidée à en avoir le cœur net, elle obtint son adresse et son numéro de téléphone du service de paie, puis elle entra en contact avec elle. Au début, Maryse Labelle se montra réticente à l'idée de la rencontrer, mais devant l'insistance de Madame Mathilde, elle accepta à la condition que ce soit en terrain neutre. Finalement, elles convinrent de se rendre dans un café à proximité du condo qu'habitait Maryse Labelle.

Lorsque Madame Mathilde revint de cette rencontre, elle se précipita directement dans le bureau d'Alex pour lui avouer que, de son propre chef, elle avait décidé de poursuivre des recherches concernant Maryse Labelle et qu'elle l'avait contactée.

— Imaginez ce que je viens d'apprendre?

— J'espère que vous avez été très discrète, Madame Mathilde.

— Vous n'avez pas à vous inquiéter. Je n'ai absolument pas parlé de la fraude de Claude Savard. Tout indique que Maryse Labelle elle-même n'a jamais eu le moindre soupçon. Mais j'ai appris qu'elle était la maîtresse de Claude Savard depuis plus de deux ans, soit bien avant leur arrivée chez INTERFORCE. Il l'entretenait depuis ce temps et il avait même payé le dépôt à l'achat de son condo, ce qui confirme bien les besoins d'argent de Claude Savard. Ce que j'avais entrevu le jour de l'inauguration à Longueuil était leur rupture définitive. Mais ce qui va vous surprendre le plus, c'est que leur aventure amoureuse se déroulait au vu et au su de tout le monde chez Maheux et Associés. Lorsqu'ils avaient quitté la firme, leur départ avait enlevé à tout le monde une épine du pied. Avant de jeter son dévolu sur Maryse Labelle, il avait eu pour maîtresse une associée de la firme. Quand il l'avait quittée pour sa nouvelle flamme, Maryse Labelle, ça avait causé tout un remue-ménage chez Maheux et Associés. Il faut croire qu'avec Claude Savard, l'histoire s'est répétée puisqu'il a quitté Maryse Labelle pour une nouvelle conquête. Heureusement pour nous, il s'agit de quelqu'un d'extérieur à INTERFORCE. C'est une fille passablement malheureuse que j'ai rencontrée et qui panse ses plaies depuis ce temps-là.

— Ça ne se passera pas comme ça, dit Alex en cognant du poing sur son bureau et pensant visiblement à quelqu'un d'autre que Maryse Labelle qu'il n'avait d'ailleurs pas connue.

Le lendemain, il sollicita un rendez-vous avec Paul Maheux, le fondateur de Maheux et Associés. Paul Maheux était une figure très connue et à 75 ans, il tenait encore les rênes du bureau qu'il avait fondé cinquante ans plus tôt. Par une foule de fusions et d'acquisitions, son bureau était devenu l'un des plus importants à Montréal bien qu'il soit toujours resté indépendant. À son départ, le bureau serait sans doute fusionné à l'un des trois grands de l'industrie.

Paul Maheux ne pratiquait plus depuis de nombreuses années, mais il tenait toujours le fort, s'occupant des fusions, de nombreuses associations caritatives et fondations, et surtout des principaux clients de Maheux et Associés. INTERFORCE était l'un de ces clients depuis son arrivée en Bourse et c'est la raison pour laquelle Paul Maheux avait accepté de rencontrer promptement Alex.

Paul Maheux occupait un vaste bureau en coin, situé dans la prestigieuse Place Ville-Marie, duquel il jouissait d'une vue panoramique englobant à la fois le port de Montréal, le centre-ville et le Mont-Royal. Alex l'avait vu à de nombreuses reprises à la télé et il s'attendait à un homme beaucoup plus grand, comme quoi la télé fait souvent illusion. Toutefois, Paul Maheux dégageait en personne tout le charisme qui l'avait placé à l'avant-scène de l'actualité montréalaise.

Paul Maheux était reconnu comme un grand amateur d'art, un collectionneur inconditionnel de peintres québécois, et il était depuis de nombreuses années l'un des membres du conseil du Musée des Beaux-Arts de Montréal. Il affectionnait particulièrement les deux grands peintres québécois Marc-Aurèle Fortin et Riopelle qui, bien que différents, le premier étant figuratif et le second abstrait, représentaient à son avis les tripes et le cœur du Québec. Ses toiles iraient sans doute enrichir un jour la collection du Musée.

Ils passèrent plus de vingt minutes à examiner les toiles qui ornaient les murs du bureau et des couloirs attenants. Devant l'intérêt manifeste d'Alex, il lui raconta la petite histoire et les faits saillants de la vie de ces artistes.

— Mon cher Alex, lui dit-il, vous devriez vous mettre à collectionner. C'est le passe-temps de toute une vie et combien enrichissant. À la vérité, c'est beaucoup plus qu'un simple passe-temps pour moi; c'est une véritable passion.

— Pour le moment, je n'aurais aucun temps à y consacrer. Je suis tellement pris par l'entreprise. Et c'est d'ailleurs pour cela que j'ai demandé à vous voir.

— Passons donc aux choses sérieuses, dit Paul Maheux.

— Voilà. Vous avez sans doute pris connaissance de notre communiqué annonçant le départ de Claude Savard.

— Oui et je ne vous cache pas que j'ai été surpris, bien qu'il est difficile de juger à distance une décision personnelle.

— Voici un dossier que nous avons préparé. Une fois que vous l'aurez lu, je vous demande d'être très discret car nous avons signé un accord de confidentialité. En bref, Claude Savard nous volait et ce, depuis son arrivée chez nous.

Alex expliqua ensuite la manière dont s'il y était pris.

— C'est là une accusation très grave, dit Paul Maheux qui essayait de se remémorer les longues années de Claude Savard en tant qu'associé chez Maheux. Rien ne l'avait préparé à cela.

— Vous examinerez attentivement ce dossier. Il est on ne peut plus explicite. Je dirais que Claude Savard devait être en manque important d'argent car il a laissé de nombreuses pistes. C'est la raison pour laquelle il a démissionné. C'était ça ou un congédiement sur-le-champ avec toute la mauvaise publicité qui en aurait résulté pour toutes les parties, incluant évidemment Maheux et Associés. D'ailleurs, il nous paraît difficile de croire que vos équipes de vérification n'aient pas relevé la fraude ces dernières années. Claude Savard avait laissé plusieurs pistes et son procédé était plutôt simpliste, mais il faut croire qu'étant du milieu, il savait fort bien couvrir ses traces.

— Écoutez, je vais immédiatement déclencher une enquête à l'interne pour savoir comment cette fraude a pu nous échapper et nous allons le faire dans la plus grande discrétion. Je vous reviens d'ici une semaine.

— Ce n'est pas tout, fit Alex, et c'est le plus grave!

Je viens d'apprendre que Claude Savard avait eu plusieurs aventures amoureuses parmi les employées de Maheux, dont une aventure mettant en cause l'une de vos associées. L'affaire était bien connue de tous. Il semble que le départ de Claude Savard était généralement souhaité à l'interne et qu'on se soit bien gardé de nous prévenir.

— Ce que vous me dites me prend totalement par surprise, croyez-le bien. Mais je suis souvent le dernier averti des affaires personnelles et il m'est arrivé de tomber des nues à plusieurs reprises par le passé. Laissez-moi tout entre les mains. Je vous reviens le plus tôt possible.

La semaine suivante, Paul Maheux rappelait Alex pour lui demander d'envoyer une lettre relatant les faits et les éléments de la fraude, ainsi que les pertes encourues, une sorte de mise en demeure non officielle envoyée à Maheux et Associés.

Quelque temps plus tard, Paul Maheux le rappela pour lui dire qu'INTERFORCE recevrait un chèque couvrant toutes les pertes subies. Fidèle à sa réputation, Paul Maheux était allé voir ses assureurs et les avait convaincus de payer la moitié des pertes. Égal à lui-même, et il n'allait pas changer à 75 ans, il avait finalement persuadé les associés d'allonger l'autre moitié. Pour lui, c'était une question de principe, mais il n'était pas non plus sans savoir qu'une telle affaire, si elle était devenue publique, aurait été cent fois plus dommageable pour sa firme.

Très tôt, le grand-père d'Alex avait remarqué qu'un secteur en particulier, situé au centre du domaine près du ruisseau, était dominé par des érables rouges, des plaines comme on les appelait familièrement. Ces arbres devaient avoir 25 à 30 centimètres de diamètre, quelque 60 ans d'âge et la maturité nécessaire pour être entaillés au printemps et fournir le fameux sirop d'érable.

Il avait expliqué à Alex que les plaines donnaient une eau moins concentrée. Il en fallait donc une plus grande quantité et plus de temps pour la faire bouillir avant d'obtenir du sirop ou de la tire, mais le résultat était tout aussi succulent. De fait, l'eau d'érable récoltée au printemps n'était pas la sève de l'arbre mais bien une eau sucrée, une sorte d'antigel qui protégeait l'arbre contre les rigoureux hivers canadiens. On la récoltait lorsque les nuits se maintenaient en dessous de zéro Celsius et que le jour réchauffait suffisamment la nature.

Mais surtout, son grand-père disait que cet événement annuel était un hymne à la vie, qu'il sonnait le réveil de la nature. Il avait exprimé l'intention de bâtir une cabane à sucre, mais la mort l'avait emporté prématurément.

Chaque fois qu'Alex passait par là, il avait une pensée pour son grand-père et il se promettait bien qu'un jour, il réaliserait son vœu. Mais jusqu'à présent, le temps lui avait manqué...

Chapitre 17

Tel un coureur de longue distance, Alex semblait avoir retrouvé un second souffle après avoir buté contre un mur qui aurait pu le mettre définitivement hors combat. Un jour, son esprit s'était soudainement éclairci, sa volonté et son allure coutumières étaient réapparues. Il était fin prêt pour reprendre la course. Reine Côté lui avait rapporté quelque temps plus tard que Claude Savard trafiquait également ses comptes de dépenses, mais il s'agissait de broutilles comparativement à la fraude des abonnements gratuits. Alex lui avait dit de les oublier. Il préférait considérer tout cela comme de l'histoire ancienne, déjà loin derrière lui.

L'équipe de vérification de Maheux et Associés était à pied d'œuvre depuis quelques semaines. Un associé principal avait même été dépêché pour superviser le dossier de près et les contrôles internes n'avaient jamais été si rigoureux.

Au début, Alex avait songé à remplacer la firme Maheux et Associés dans son rôle de vérificateur externe d'INTERFORCE, mais pour cela, il aurait fallu une résolution et un vote lors de la prochaine assemblée des actionnaires avec toutes les interrogations que cela aurait soulevées. Par ailleurs, Paul Maheux avait réglé l'épineuse situation en vrai gentleman qu'il était et Alex lui en était redevable.

Très tôt, il était apparu que Reine Côté faisait un excellent travail. Bien qu'elle ne possédait pas toutes les qualifications requises pour le poste, elle avait de l'expérience et pouvait sans problème assumer la charge additionnelle. Alex décida de cumuler officiellement les postes de président et de vice-président aux finances et de confier à Madame Côté des responsabilités accrues. La plupart des membres du conseil estimaient que c'était déraisonnable, mais Alex les convainquit qu'un vice-président aux finances n'était pas indispensable pour le moment. Tant que la croissance ne serait pas à l'ordre du jour, INTERFORCE n'avait besoin d'aucun financement dans l'avenir immédiat. De plus, comme aucun analyste ne suivait l'entreprise, Alex pourrait fort bien se débrouiller avec cette tâche lorsque cela s'avérerait nécessaire.

Quand Alex avait une idée en tête, il était très difficile de l'en faire changer, surtout lorsqu'il était sur une erre d'aller comme c'était le cas présentement. Un autre aspect de sa personnalité, assez peu connu et qui puisait sans doute son origine dans son enfance alors qu'il avait perdu prématurément sa mère pour être élevé par son grand-père, était de justifier deux fois plutôt qu'une toute dépense. Non pas qu'il était radin, loin de là, mais son grand-père lui avait appris très tôt la valeur des choses et surtout, que toute chose avait une valeur. Jamais il n'aurait dépensé inutilement. En ne remplaçant pas Claude Savard, INTERFORCE économiserait au moins 200 000 $ par année. Chaque économie, aussi petite fut-elle, aurait son importance tant et aussi longtemps que la croissance ne serait pas au rendez-vous.

Il fit venir Reine Côté dans son bureau pour lui annoncer sa décision à l'effet qu'elle prendrait désormais la charge du département finances. De plus, il augmentait substantiellement son salaire. Devant son étonnement et son inquiétude, il la rassura en lui promettant que lui-même s'occuperait des relations avec la presse et les analystes. Si jamais l'entreprise prenait une forte expansion, on verrait à ce moment-là, mais pour l'instant elle devenait la patronne à l'interne.

Alex n'ignorait pas l'importance de Reine Côté pour l'avenir d'INTERFORCE. D'ailleurs, si elle n'avait pas découvert la fraude, qui sait ce qui serait arrivé? Maintenant, il savait pouvoir compter sur une alliée de confiance. Durant leur réunion, Reine Côté lui apprit que la vérification annuelle était très avancée et que les gens de Maheux et Associés ne s'étaient jamais montrés aussi pointilleux. À part la fraude de Claude Savard et ses comptes de dépenses quelque peu gonflés, tout était conforme et impeccable. Les indications étaient qu'INTERFORCE avait connu un bon quatrième trimestre et que la compagnie annoncerait un profit de près de 900 000 $ sur des revenus en légère hausse. Comme INTERFORCE avait des pertes reportées depuis l'acquisition de la division médicale plusieurs années auparavant, la compagnie ne serait pas imposable pour un bon bout de temps. Les profits du dernier trimestre étaient donc de 0,03 $ par action et on affichait un léger profit pour l'année entière. Alex savait qu'il était inutile de rappeler à Reine Côté d'user de discrétion; c'était dans sa nature même.

Pourtant, le marché avait vraisemblablement eu vent du revirement chez INTERFORCE car le titre était monté jusqu'à 2,50 $ sur de forts volumes. Alex n'était pas du genre à surveiller quotidiennement l'évolution du cours, comme le font à tort plusieurs dirigeants d'entreprises. Pour lui, cette façon de faire ressemblait à un jeu, un peu comme regarder dans un miroir; ça enlève toute vision. Même s'il était heureux pour les employés qui avaient fait confiance à l'entreprise, le fait que le titre monte n'avait aucune conséquence en autant qu'il était concerné. Il n'avait nullement l'intention de vendre ses actions ou de prendre des profits. Au contraire, il se rangeait plutôt du côté des acheteurs et cela étant, il avait appris très tôt que la discipline est reine.

Néanmoins, la montée du titre l'intriguait. Il se demandait si les résultats favorables du dernier trimestre n'étaient pas le fruit d'indiscrétions de la part de quelques personnes, par exemple des employés d'INTERFORCE, ou de l'équipe de vérification ou même des membres du conseil d'administration qu'il tenait constamment informés des développements. Sous le coup d'une impulsion soudaine, il décida de contacter Guy Ouimet, le gestionnaire de fonds mutuels qu'il avait rencontré en décembre dernier. Il avait en effet noté que les volumes provenaient surtout d'un courtier en particulier.

Après avoir parlé du marché en général, et d'INTERFORCE en particulier, notamment du déménagement prochain, Alex entra dans le vif du sujet.

— Monsieur Ouimet, en tant que dirigeant d'INTERFORCE, j'aime bien savoir dans quelles mains se trouvent les actions de l'entreprise.

— Eh bien! En tant que gestionnaire d'un fonds public, vous savez que je suis obligé de divulguer à chaque trimestre toutes mes positions importantes à l'Autorité des marchés financiers. Si vous consultez les dossiers, vous verrez qu'en date du 31 décembre, nous n'avions plus aucune action d'INTERFORCE. Tel que je vous l'avais laissé entendre, nous étions en plein processus de planification fiscale et finalement, nous avons décidé de prendre nos pertes. Même si ce n'est pas encore public, et incidemment je ne fais ici aucune entorse à la réglementation en vous l'apprenant, je peux vous dévoiler que depuis, nous avons complètement rebâti notre position sur INTER-FORCE. Lorsque j'ai appris le départ de Claude Savard et que le titre a baissé à 1,75 $, ça a été le petit coup de pouce qui m'a amené à prendre une décision rapide. D'autre part, j'avais rencontré Claude Savard à deux reprises et il m'avait quelque peu déçu. J'attache beaucoup d'importance à la direction dans mes décisions d'investissement. À l'origine, j'avais d'ailleurs décidé de me positionner dans INTERFORCE en raison de son président-fondateur, Michel Laforce. Mais j'avais été peu impressionné par l'arrivée de Claude Savard à qui on laissait de plus en plus de responsabilités, dont celle de rencontrer les principaux actionnaires. Je crois énormément aux premières impressions et avec les années, mon intuition me fait de moins en moins défaut. Claude Savard faisait très grand seigneur, ou plutôt haut fonctionnaire. Le fait qu'après deux ans il ne détenait toujours pas d'actions confirmait mon impression. Je n'ai pas considéré son départ comme un handicap, mais plutôt comme le signal d'un renouveau. Que vous soyez personnellement impliqué jusqu'au cou financièrement n'est pas pour me déplaire. Comme le dit le dicton populaire, nous sommes maintenant dans le même bateau.

À la fin de mars eut lieu la réunion du C.A. qui devait entériner les résultats de l'exercice financier et ceux du quatrième trimestre. Tel que le lui avait indiqué Reine Côté, les résultats du quatrième trimestre affichaient un profit de 0,03 $ l'action, le premier profit depuis deux longues années.

Alex renoua avec plaisir avec les membres du C.A., dont le Professeur Lafond qu'il n'avait pas revu depuis avant Noël. Ils avaient cependant conversé souvent au téléphone, surtout après le regrettable incident mettant en cause Claude Savard. Bien que la réunion débuta sur ce sujet, à l'évidence c'était déjà de l'histoire ancienne. Bien sûr, tous reconnaissaient que cet incident fort regrettable aurait pu couler l'entreprise et entacher à jamais leur réputation, mais ils préféraient l'oublier et le gommer de leur mémoire. On passa donc rapidement aux choses sérieuses. La rénovation de la bâtisse de Longueuil était pratiquement terminée et le déménagement aurait lieu comme prévu. Léonce Ménard, qui supervisait toujours les travaux, avait fait des merveilles et dans les dernières semaines, les ouvriers avaient travaillé sur deux quarts. Il ne restait plus que la peinture et la préparation du déménagement. Cette réunion du C.A. serait la dernière à se tenir au siège social du centre-ville.

Parmi les points à l'ordre du jour, il y avait le projet de la nouvelle division « Environnement ». Alex fit un compte rendu des démarches entreprises et des études qu'ils avaient complétées, Steve Murray, lui-même et une petite équipe interne. Malgré les excellents résultats du quatrième trimestre, et ceux prévus pour le premier trimestre prenant fin le 31 mars, ils avaient néanmoins décidé de mettre le projet sur la glace pour le moment afin de concentrer tous les efforts sur la croissance interne des divisions actuelles, y compris « Pierres précieuses et diamants » qu'il ne s'était pas encore résolu à fermer en dépit du départ de Claude Savard. Sans être encore profitable, cette division approchait toutefois le point mort. De fait, Steve et lui-même avaient convenu de consentir des efforts substantiels au recrutement de nouveaux abonnés. Pour le moment, la campagne avait très bien fonctionné grâce aux seuls employés, mais une augmentation du budget de publicité sur Internet et une présence accrue dans les conférences et salons spécialisés pourraient donner un second souffle à la croissance. La petite équipe qu'il avait formée et placée sous la direction de Steve Murray serait affectée exclusivement à ce projet.

Alex passa sous silence la discussion qu'il avait eue avec Hélène Jolicoeur et Steve sur la division « Environnement » pendant les fêtes. Alex lui était très reconnaissant de ses suggestions, mais il ne se sentait pas à l'aise de divulguer qu'il avait fait appel à elle en dehors du conseil d'administration. Il semble que c'était également le cas pour elle, car en dehors d'un bref coup d'œil dans sa direction, elle ne fit aucun commentaire.

Lorsqu'Alex avait accepté le poste de président, il avait insisté sur un mandat maximum de cinq ans. Pour les membres du C.A., cette exigence avait semblé naturelle et elle avait été acceptée rapidement. Pour eux, il était parfaitement logique qu'Alex mette tout ce temps à faire d'INTERFORCE un succès et il était tout aussi logique qu'il veuille assurer ses arrières avec un contrat blindé. Ce que peu d'entre eux avaient compris toutefois, sauf peut-être le Professeur Lafond qui le connaissait intimement depuis de nombreuses années, c'était qu'Alex n'entendait pas prolonger, ne serait-ce d'un mois, cette entente. Pour cela, il lui fallait préparer très tôt sa succession. En temps normal, le candidat tout indiqué aurait été Claude Savard, mais Alex n'osait imaginer ce qui serait arrivé si la fraude n'avait pas été éventée au bon moment. Le choix se présenta de lui-même. Depuis son arrivée chez INTERFORCE, à part Madame Mathilde, la seule personne sur qui il pouvait compter les yeux fermés, sur qui il pouvait s'appuyer et à qui il pouvait demander conseil, peu importe la nature et la complexité du conseil, était Steve Murray. En plus d'être un important actionnaire, il oeuvrait au sein de l'entreprise depuis le début, il en comprenait tous les rouages et il connaissait tous les employés. Pour Alex, il était devenu comme un frère. Le seul hic : contrairement à Alex, Steve n'était pas marié avec la compagnie. Sa famille était ce qu'il y avait de plus important à ses yeux et Alex le comprenait mieux depuis qu'il avait rencontré Michelle et les enfants. Parfois, il se prenait à les envier, mais il chassait rapidement cette image de son esprit. En ce qui le concernait, la compagnie représentait un engagement, une mission, qu'il était bien déterminé à remplir; rien ne l'en ferait dévier.

On était rendu au point quatre de l'ordre du jour et Alex proposa la nomination de Steve Murray au poste d'administrateur sur le conseil d'administration.

— Nous sommes à un mois de l'assemblée annuelle. Le moment est donc propice pour accueillir un autre membre de la direction d'INTERFORCE sur le conseil. Je ne suis pas éternel et j'estime qu'il faut préparer la relève sans délai inutile. De plus, j'ai l'intention de nommer Steve vice-président exécutif, question d'envoyer un signal fort aux employés et aux actionnaires à l'effet que Claude Savard a définitivement été remplacé.

Les membres du conseil connaissaient Steve Murray depuis un certain temps déjà et sa visite précédente au conseil avait fait excellente impression. Tous hochèrent la tête en signe d'assentiment. C'est alors qu'Hélène Jolicoeur intervint.

— Est-ce que le principal intéressé est d'accord?

Alex dut concéder qu'il en avait touché un mot à Steve, mais que celui-ci n'avait pas encore donné sa réponse. Il avait appris de Steve que Michelle avait gardé contact avec Hélène Jolicoeur et qu'elles se parlaient toutes les semaines depuis la réception des fêtes. Il était donc facile d'imaginer que Michelle avait pu laisser échapper la proposition faite à Steve et la profonde hésitation de ce dernier à l'accepter. Cependant, comme il y allait de l'intérêt de la compagnie, il se faisait fort de le convaincre.

On passa au point cinq, la proposition concernant le lieu et la date de la prochaine assemblée générale des actionnaires.

— Même si cette pratique n'est pas courante, dit Alex, je propose de tenir la prochaine assemblée dans nos nouveaux locaux de Longueuil, jeudi, le 23 avril prochain, à 11 heures. Vous étiez tous présents, sauf Hélène, à mon introduction l'automne passé. Cette réunion a fait merveille chez les employés et marqué une date importante dans le renouveau d'INTERFORCE. J'aimerais réitérer l'expérience. D'autant plus que l'occasion sera parfaite pour procéder en même temps à l'ouverture officielle de nos nouveaux locaux. C'est très important pour nos employés et nos actionnaires. En outre, durant la matinée, nous pourrons tenir une réunion du conseil pour examiner et approuver les résultats du premier trimestre du 31 mars.

— Je seconde, dit le Professeur Lafond. Je suis sûr que, comme moi, vous avez tous hâte de voir le nouvel édifice de Longueuil.

Le soir même, les résultats de l'année et la tenue de la prochaine assemblée paraissaient sur le fil de presse.

Au grand bonheur d'Alex, et à son grand soulagement, Steve Murray lui confirma qu'il acceptait ses nouvelles responsabilités. Alex apprendrait des années plus tard que Michelle, son épouse, y avait été pour beaucoup dans cette décision et qu'Hélène Jolicoeur y avait joué un certain rôle.

Chapitre 18

Branle-bas de combat chez INTERFORCE. Dès le lendemain de la réunion, Alex convoqua Madame Mathilde, Maria Sanchez et Léonce Ménard à Longueuil. Il leur apprit que le conseil avait approuvé la tenue de l'assemblée annuelle dans les nouveaux bureaux, le 23 avril prochain.

Tous les yeux convergèrent alors vers Léonce Ménard, la même interrogation dans le regard.

— Ne vous inquiétez pas, patron. Tout va être prêt bien avant le 23, ou je ne m'appelle pas Léonce Ménard. Ça va nous permettre d'accélérer le déménagement qui était prévu pour le début d'avril. D'ailleurs, c'est plus de ce côté que j'entrevois possiblement des retards, dit-il en se tournant cette fois vers Madame Mathilde.

Alex avait constaté à maintes reprises par le passé qu'il suffisait de mettre Madame Mathilde au défi pour qu'elle s'active encore plus, comme si elle préférait l'effervescence de plusieurs tâches à la fois au train-train quotidien. Mais cette fois-ci, il y avait plusieurs chats à fouetter en même temps.

— Voici. Je vais m'occuper avec Monsieur Alex de la préparation de l'assemblée annuelle et de l'envoi de la circulaire. Je fais mon affaire du déménagement du siège social. Quant à toi, Maria, tu vas t'occuper avec Léonce de préparer la grande salle pour l'assemblée, en vous basant sur l'expérience de l'automne passé. Léonce, il suffira de préparer une estrade d'honneur, un peu plus grande, pour accommoder les membres du conseil d'administration. Oh, j'y pense! Il faudra aussi louer des chaises pour les actionnaires qui se présenteront.

— C'est comme si c'était déjà fait, dit Léonce. En plus, j'ai plusieurs employés de construction encore sous la main et on a plein de matériaux en surplus. Oui, oui, c'est comme si c'était fait. Ma vieille mère va être bien contente de moi. C'est ça qui est ça!

— Puis toi Maria, tu contacteras le même traiteur. Le goûter était parfait la première fois.

— Qu'est-ce qu'on fait avec les employés? Vous savez que plus de la moitié sont maintenant actionnaires, dit Maria.

— Comme il s'agit d'une assemblée des actionnaires, répondit Alex, tous les actionnaires sont invités. Laissez-leur savoir que ceux qui veulent assister à l'assemblée sont les bienvenus. Quoi qu'il en soit, à 13 heures tout devrait être terminé. Il ne faut pas oublier qu'en plus de l'assemblée annuelle, ce sera aussi l'ouverture officielle de nos nouveaux bureaux et du siège social.

Pendant les semaines qui suivirent, Alex les laissa s'activer sans intervenir. Il avait confiance en eux et voulait leur laisser les détails d'intendance pour se concentrer lui-même sur les opérations.

C'est drôle, se disait-il, comme un changement de climat, d'attitude, pouvait métamorphoser une entreprise. Il se rappelait que Madame Mathilde lui avait rapporté un jour que Maria Sanchez ne soupçonnait même pas qu'INTERFORCE ne générait aucun profit depuis deux ans. Maintenant que plus de la moitié des employés étaient devenus actionnaires, il n'avait plus à se préoccuper de les motiver ou de les pousser; ça venait d'eux-mêmes. Son rôle était désormais de les guider dans la bonne direction et de ne pas perdre la cadence. Initialement, il avait prévu que la durée du programme de primes pour favoriser le recrutement de nouveaux abonnés serait de six mois, mais il avait subitement décidé de le prolonger jusqu'à la fin de septembre, en précisant toutefois qu'il pourrait être interrompu par la suite. Les employés devaient agir naturellement, sans l'aide d'une carotte au bout du nez. La bonne marche des affaires exigeait une équipe de vente dédiée qui commençait déjà à montrer des résultats.

Dans les rares moments où il laissait libre cours à ses pensées, et lorsqu'il se remémorait ses premiers moments chez INTERFORCE à peine six mois plus tôt, Alex se voyait un peu comme le capitaine d'un bateau pas très récent qui quitte un port de fortune avec un équipage inconnu. Après avoir évité les écueils du départ et affronté les courants de l'entrée en mer, il peut se permettre de relaxer quelque peu mais sans jamais perdre sa concentration. La question était maintenant de savoir comment presser l'allure dans une mer d'huile sans horizon défini.

Le matin de l'assemblée du conseil d'administration, tout était prêt. Même le printemps s'était mis de la partie; le soleil dardait la terre de ses chauds rayons et les bourgeons pointaient résolument la tête.

Vers 9 heures 30, les membres du conseil arrivèrent à tour de rôle. Claude Lafond était toujours le même; il ne semblait pas vieillir. Il avait coutume de dire qu'il avait vieilli prématurément, ayant acquis ses cheveux blancs dans la jeune quarantaine, et que depuis, les années ne le rattrapaient plus. Steve assistait à cette réunion à titre d'invité car sa nomination au C.A. ne serait entérinée qu'au cours de l'assemblée annuelle qui suivrait.

Alex nota avec plaisir qu'Hélène Jolicoeur lui avait réservé une chaude réception. Malgré les dénégations du principal intéressé, Steve continuait de le taquiner à l'occasion à l'effet qu'il leur semblait, à lui et à Michelle, qu'Hélène ne lui était pas indifférente. Pour mettre fin aux spéculations de Steve, Alex lui annonça qu'il venait de rencontrer une charmante avocate de son âge, récemment divorcée, et que les choses s'annonçaient plutôt bien.

Le dernier conseil avait été marqué par le départ abrupt de Claude Savard. Bizarrement, il ne faisait déjà plus l'objet de commentaires, ayant apparemment été relégué aux oubliettes. Alex se demandait ce qu'il était devenu, mais sans plus.

Les membres prirent place autour de la grande table qui trônait au milieu de la nouvelle salle de conférence où se tiendraient désormais les réunions du conseil. Le Professeur Lafond prit la parole.

— Nous sommes ici ce matin pour entériner les résultats du premier trimestre. Mais avant tout, je voudrais souhaiter la bienvenue à Steve Murray, futur membre de notre C.A. De plus, je tiens particulièrement à féliciter la direction et les employés d'INTERFORCE pour tout le travail accompli ces derniers six mois. Je crois qu'aucun de nous n'aurait pu imaginer un tel progrès en si peu de temps. L'ouverture des nouveaux locaux, aujourd'hui, illustre parfaitement le chemin parcouru. Sur ce, je cède la parole à notre président.

Dans un premier temps, Alex dévoila les résultats du premier trimestre. Depuis six mois, la compagnie avait recruté près de 1000 nouveaux abonnés. Les revenus générés n'étaient pas reconnus à la signature d'un contrat, mais graduellement, à chaque mois de l'abonnement. Ces revenus additionnels influaient de plus en plus sur les résultats. Au cours de l'assemblée annuelle, la compagnie allait dévoiler un profit net de 0,04 $ par action. En ajoutant le règlement d'assurance et celui de Maheux et Associés, qu'il avait comptabilisés comme un gain extraordinaire, le profit net était de 0,06 $ par action.

Puis Alex leur apprit qu'INTERFORCE avait complété son programme de rachat de 2,5 millions d'actions à un coût moyen de 2,10 $ l'action. En tenant compte de l'achat et de la rénovation de la bâtisse, ainsi que des profits réalisés, il restait près de 40 millions $ en encaisse.

— Malheureusement, dit Alex, j'ai vérifié avec les autorités de la Bourse et nous devrons attendre la fin de l'année avant de reconduire à nouveau le programme de rachat. Dans les circonstances, c'aurait été la meilleure utilisation de notre encaisse car je dois vous informer que pour le moment, nous avons mis sur la glace le projet de la division « Environnement », afin de nous concentrer sur les activités courantes. Il n'y a pas d'inquiétude à avoir présentement, mais ce sont les années à venir qui commencent à me tracasser.

— As-tu pensé à un encan hollandais, ce que les Américains appellent un *dutch auction*? s'informa le Professeur Lafond.

Visiblement personne, y compris Alex, n'était au courant.

— Le procédé existe depuis une trentaine d'années à la Bourse. Voici, c'est fort simple. La compagnie offre de racheter en bloc un certain nombre d'actions à un prix légèrement supérieur au cours, disons entre 2,60 $ et 3 $, pendant une période limitée, soit un ou deux mois. Les actionnaires peuvent décider d'y participer à un prix qui leur convient à l'intérieur de cette fourchette. S'ils exigent 3 $, ils risquent de voir d'autres actionnaires demander moins et ainsi de se retrouver à l'écart. Le procédé vise à obtenir un prix moyen qui sera juste, à la fois pour la compagnie et pour les actionnaires qui souscrivent. À la fin de la période de l'offre, on collige les résultats et la compagnie rachète massivement à un prix qui lui permet de compléter le bloc désiré. C'est légèrement plus coûteux, mais ça n'entre pas dans les programmes de rachat autorisés.

— Ainsi, dit Alex, on pourrait offrir de racheter un maximum de cinq millions d'actions entre 2,60 $ et 3 $, avec une date limite, disons le 30 juin.

— C'est exact, dit le Professeur, et il suffit d'une proposition du C.A. et de l'approbation de la Bourse, ce qui n'est souvent qu'une formalité.

— Je crois, dit Alex, que c'est la meilleure utilisation de notre encaisse qui ne rapporte actuellement qu'un pour cent environ en intérêts. Si mon calcul est bon, en faisant six millions de profit comme nous l'avons prévu dans notre budget, ce seraient des profits par action de 0,24 $ au lieu de 0,20 $, en tenant compte des deux rachats d'actions.

— Comme d'habitude, tu comptes vite, dit Claude Lafond.

— J'aimerais avoir une proposition du conseil, dit Alex.

— Puisque c'est moi qui l'ai initialement suggéré, je propose, dit Claude Lafond.

— Je seconde, dit Paul Cadieux, qui avait lui aussi

la réputation de bien savoir compter.

La résolution fut acceptée à l'unanimité et ils se rendirent sans plus tarder dans la grande salle où débuterait incessamment l'assemblée générale annuelle.

Alex avait déjà présidé quatre assemblées annuelles chez Wiley et il en connaissait bien le déroulement. La plupart du temps, peu d'actionnaires y assistaient. Ils se contentaient d'envoyer leur approbation ou leur opposition aux différents points à l'ordre du jour, comme la nomination des administrateurs et de la firme comptable recommandée par la direction. À l'occasion, des options à des dirigeants ou un changement aux statuts de la firme étaient requis, mais ce n'était pas le cas ici. Alex profiterait de l'assemblée pour annoncer les résultats de l'année et du premier trimestre, pour exposer les perspectives de la compagnie et pour répondre aux questions. Il était passé maître dans la marche de telles assemblées et rien, pour le moment, ne l'inquiétait. Les nouvelles étaient bonnes.

Les membres du conseil prirent place sur la petite estrade que Léonce Ménard avait aménagée. Alex fut réjoui de constater que la salle était bondée et que plusieurs se tenaient debout à l'arrière n'ayant pu trouver de siège. Ce que peu de spectateurs savaient toutefois, c'est que la majorité des employés, nouvellement actionnaires, avaient décidé d'y assister. Pour la plupart, il s'agissait de leur première assemblée annuelle.

Lorsque Me Longtin, le secrétaire de l'assemblée,

demanda la parole, on s'aperçut que le système de microphone était défectueux et plusieurs personnes s'activèrent autour de la console de son. Léonce Ménard s'avança prestement. D'un œil exercé, il suivit le fil d'alimentation et découvrit que la prise avait été débranchée accidentellement. « On ne fait pas du verre taillé avec de la cruche » fut son seul commentaire qui suscita aussitôt un fou rire dans l'assistance constituée majoritairement de gens qui le connaissaient bien.

La suite des formalités d'usage se déroula sans problème et on passa la parole à Alex en sa qualité de président.

— Le conseil d'administration a décidé de tenir cette assemblée annuelle, ma première chez INTER-FORCE, ici-même dans nos nouveaux quartiers. Cet endroit symbolise le renouveau et le travail passionné de tous les employés qui, en l'espace de seulement six mois, ont permis à l'entreprise de regrouper toutes ses activités sous un même toit et de prendre un nouvel essor. Aujourd'hui, je salue ces employés qui, je suis fier de le dire, sont devenus pour la plupart des actionnaires.

Nous terminons l'exercice financier avec un léger profit. Le quatrième trimestre a été profitable; c'est notre premier profit réel depuis huit trimestres. Mieux encore, je suis très heureux de vous annoncer que le premier trimestre de l'année est encore plus profitable.

Jusqu'à ce jour, nous avons surtout travaillé à la

réduction des coûts, mais nous avons bon espoir de relancer la croissance au cours des prochaines années. C'est d'ailleurs sur ce point que nous concentrerons nos efforts dorénavant.

Après avoir commenté les résultats plus en détail, on passa à la période de questions. La première vint d'un actionnaire de longue date.

— Est-ce que vous avez l'intention de remplacer Claude Savard, le vice-président aux finances qui a quitté au début de l'année?

— Pour le moment, dit Alex, c'est moi qui le remplace. Nous avons à l'interne une équipe très expérimentée qui m'assiste dans cette tâche. Comme vous l'avez entendu tantôt, Steve Murray a été nommé administrateur de la société. Je vous annonce également qu'il a été promu vice-président exécutif. Sa tâche sera de me seconder et surtout, de veiller à la relance de l'entreprise, notre principal objectif pour les prochaines années. Steve est l'un des actionnaires fondateurs d'INTERFORCE. Il a toute ma confiance et la confiance du conseil d'administration.

Il y eut un bref silence. Croyant que la séance de questions était terminée, Alex se tournait vers Me Longtin pour demander une résolution d'ajournement quand une dame s'avança timidement vers le micro.

— J'ai hérité des actions d'INTERFORCE au décès de mon mari. À ce jour, je ne peux pas dire que leur rendement a été un succès. Mais je me réjouis qu'elles aient légèrement remonté dernièrement. C'est la raison pour laquelle je suis ici ce matin. Je me demande si je dois les conserver dans l'espoir de couvrir la perte ou les vendre. Ma question est donc celle-ci. J'ai vu que vous aviez une encaisse énorme au bilan. Est-ce que vous envisagez de verser bientôt un dividende pour récompenser vos actionnaires qui, comme moi, ont été bien patients?

— Ma réponse va peut-être vous décevoir, dit Alex. Pour le moment, nous n'avons pas l'intention de verser un dividende. Je dis bien pour le moment. Le conseil d'administration a décidé que la meilleure utilisation de notre encaisse serait de racheter massivement nos actions qu'il considère largement sous-évaluées. Jusqu'à présent, un premier programme de rachat de 2,5 millions d'actions a été complété et le C.A. a décidé de demander un deuxième programme de rachat qui sera annoncé dès que la Bourse l'aura approuvé. Cela signifie que tous les profits futurs seront divisés par un nombre moins élevé d'actionnaires, environ 20 % de moins si tout va bien et si je compte correctement. C'est un bon départ pour relancer la croissance, notre principal objectif, je le répète, aussi bien le mien que celui des employés et de tous les actionnaires. Nous allons déployer tous les efforts requis. S'ils s'avéraient insuffisants pour relancer l'entreprise à pleine vitesse, alors je vous promets qu'un dividende normal ou spécial sera versé aux actionnaires.

Cette fois-ci, le silence se prolongea, comme si tous voulaient soupeser les paroles d'Alex.

Enfin, des applaudissements respectueux vinrent clore l'assemblée officielle.

Tel que convenu, Maria Sanchez avait confié à Louise Allard, Traiteur, le soin d'agrémenter la suite avec les petites bouchées qui faisaient sa renommée. La direction et les membres du conseil en profitèrent pour serrer le plus de mains possible. Le Professeur Lafond, avec sa bonhommie proverbiale, alla féliciter la dame pour sa question.

— Mais qu'est-ce que vous feriez à ma place? dit-elle.

— Si vous n'avez pas besoin de cet argent, j'attendrais et je suivrais la situation de près, comme vous l'avez fait ce matin en assistant à l'assemblée annuelle.

Alex était en grande discussion avec Madame Mathilde et Léonce Ménard quand Hélène Jolicoeur vint les saluer et s'excuser de partir si tôt, le bureau l'attendant. Comme toujours d'une élégance raffinée et discrète, elle ne passait pas inaperçue. Alex la présenta à Léonce Ménard. Pendant ce temps Madame Mathilde, qui observait Alex à la dérobée, sentit qu'un certain malaise s'était installé entre ces deux-là. Elle ne pouvait en discerner le pourquoi, mais habituellement rien n'échappait à son œil, le moindre geste, un mouvement des yeux, un léger recul; son intuition la trompait rarement.

Plusieurs actionnaires en profitèrent pour visiter les nouveaux locaux. Vers 13 heures, tout le monde était parti et les employés avaient repris leur train-train habituel.

Chapitre 19

Malgré les bons résultats et une assemblée annuelle réussie, le titre faisait du surplace aux alentours de 2,40 $ sur de faibles volumes. Les acheteurs étaient subitement disparus et les vendeurs semblaient prendre leur mal en patience.

L'assemblée n'avait eu qu'un bref écho dans la presse d'affaires, un article écrit par le journaliste qui avait couvert le départ de Claude Savard. Sans doute était-il présent à l'assemblée car dans son court article, il soulignait qu'Alex avait mentionné à trois reprises que son principal objectif était le retour à la croissance. Le ton de l'article trahissait le scepticisme du journaliste. Alex demanda à Steve, avec qui il passait le plus clair de ses journées ces temps-ci, si c'était vrai qu'il avait répété trop souvent sa préoccupation durant son discours devant l'assemblée.

— Je ne sais pas si tu l'as répété trois fois comme il le rapporte, mais je peux te dire que tu nous le répètes tous les jours!

INTERFORCE évoluait dans une niche de marché, un très petit marché comme le démontrait son chiffre d'affaires de 25 à 30 millions de dollars par année. Comme la société avait été un précurseur, elle occupait depuis longtemps une position de leader qui éloignait à la fois les petits joueurs et les gros qui trouvaient le marché trop restreint.

Dans les circonstances, les rachats d'actions constituaient la meilleure solution, comme l'avait souligné le Professeur Lafond. La semaine suivante, INTER-FORCE annonça son encan hollandais en vertu duquel elle était prête à racheter jusqu'à cinq millions d'actions à un prix unitaire entre 2,60 $ et 3 $. Le seul changement que s'était permis Alex avait été de raccourcir le délai, l'encan devant prendre fin le 31 mai plutôt que le 30 juin. Il était pressé de connaître la réponse des actionnaires. De toute façon, il était inutile de prolonger le délai et la notice d'information fut prestement envoyée.

Premier effet de l'annonce : le titre remonta immédiatement à 2,60 $, mais sur de très faibles volumes. De toute évidence, les mainteneurs de marché attendaient les résultats de l'offre de rachat. Les actionnaires qui présenteraient leurs actions n'auraient aucune commission à payer, tous les frais devant être acquittés par INTERFORCE.

Vers le 25 mai, un rapport de l'agent de transfert révéla que l'objectif de cinq millions d'actions avait bien peu de chances d'être atteint. Quelques actionnaires avaient présenté leurs actions à 2,60 $, la majorité à 2,80 $ et plusieurs à 3 $, la limite supérieure. Mais facteur plus inquiétant, à peine plus d'un million d'actions avaient été offertes à ce jour.

Alex appela immédiatement le Professeur Lafond pour l'informer du déroulement de l'encan.

— Il est un peu tôt pour conclure, dit le Professeur. La plupart des actionnaires demandent conseil à leurs courtiers et ceux-ci attendent généralement à la dernière minute pour communiquer leur réponse. La grande question qu'il faut se poser est celle-ci : combien la compagnie vaudrait-elle si elle était vendue en bloc aujourd'hui?

— Difficile à dire et ça dépend de l'acheteur. Si on regarde la valeur comptable, l'avoir des actionnaires totalise actuellement 85 millions de dollars, il n'y a aucune dette et l'encaisse se chiffre à environ 40 millions de dollars. En divisant par les 27,5 millions d'actions en circulation, on obtient une valeur comptable de plus de 3 $ par action.

Il est évident qu'un acheteur paierait une prime importante, surtout s'il tient compte du nom bien établi, des 11 000 abonnés, des profits récurrents et de nombreux actifs qui ont pris de la valeur. Il n'y a qu'à penser à la bâtisse qui vaut probablement aujourd'hui beaucoup plus qu'elle nous a coûté.

— Tu te rappelles que j'avais prédit que le cours atteindrait près de 4 $ en fin d'année si tu atteignais les six millions de dollars de profit prévus dans ton budget. Eh bien, tu as là ta réponse. Prépare-toi à acheter le plus grand nombre possible d'actions et ce, en payant même jusqu'à 3 $. Tu crées instantanément de la valeur pour les actionnaires qui restent.

Au 31 mai, 4,5 millions d'actions avaient été présentées, la plupart à 3 $. La compagnie racheta toutes les actions soumises à 3 $. Il restait plus de 28 millions de dollars en encaisse, une somme largement suffisante pour financer les projets futurs.

Alex avait rencontré son avocate sur les courts de tennis d'un club intérieur, situé à proximité du centre-ville, qui s'appelait tout simplement Le Club. Il s'agissait d'un club très exclusif, doté de deux courts de tennis sur terre battue, de cinq courts de squash et d'une salle de musculation.

Au début de l'année, Alex avait résolu de se remettre au tennis, un sport où il avait excellé du temps de l'université. Non pas qu'il était un grand joueur, mais sa concentration et sa rage de vaincre avaient fait de lui un adversaire redoutable. Il était craint des meilleurs joueurs parce qu'il n'abandonnait jamais; il courait après chaque balle comme si sa vie en dépendait. Lorsqu'il affrontait un joueur de calibre supérieur, ce qui normalement aurait dû être facile pour ce dernier se compliquait rapidement. Plus d'un opposant qui l'avait pris à la légère s'en était repenti, essuyant d'amères défaites. Il possédait une volonté de vaincre à toute épreuve et il dirigeait son jeu de main de fer.

Il n'avait pas joué depuis l'université et il s'abonna uniquement dans le but de faire de l'exercice car il avait pris quelques kilos depuis son arrivée chez INTER-FORCE. Il prit l'habitude de se rendre au Club deux ou trois fois par semaine pour y prendre des leçons du pro, un ancien joueur de niveau national.

Au début, il était hors forme et, après deux ou trois échanges pas très rapides, il était déjà hors position et ratait immanquablement les balles. Il pratiquait de midi à 13 h 30, prenait un léger lunch sur le pouce et retournait au bureau où il était souvent à pied d'œuvre jusque tard dans la soirée. Les jours où il ne jouait pas au tennis, il allait courir sur la montagne ou dans le Vieux-Port. Au bout de trois mois de ce régime, ses progrès étaient remarquables. Il avait perdu un peu de poids, mais surtout sa forme s'était améliorée du tout au tout.

Un jour, son coach lui fit un beau compliment :

— Je n'ai jamais eu un élève accomplir d'aussi grands progrès en si peu de temps. Si tu le veux bien, je vais t'organiser des matchs avec des membres du Club qui jouent ici depuis longtemps. Je crois que tu pourrais leur offrir une belle lutte.

Chaque semaine, Alex continuait de prendre une ou deux leçons; puis, à une ou deux reprises, ou durant le week-end, il affrontait les meilleurs joueurs du Club, ceux qu'on nommait les A. Les premiers temps, il se faisait battre en raison de son manque d'expérience, mais chaque fois, ses adversaires en avaient pour leur argent. Puis, il parvint peu à peu à les battre. Chose certaine, ses adversaires sortaient toujours exténués d'un match contre lui.

Son pro lui avait dit qu'il donnait également des

leçons à une très bonne joueuse et qu'il allait leur organiser un match prochainement. L'occasion se présenta au printemps. Le coach l'avait prévenu que la joueuse en question possédait une excellente technique. Elle avait même joué au niveau provincial durant ses années junior. Ayant par la suite décidé d'étudier le droit à l'Université de Montréal, elle n'avait plus joué depuis. Tout comme Alex, elle prenait des leçons le midi pour garder la forme et elle affrontait les joueurs du Club à l'occasion.

Elle s'appelait Julie Renault et était avocate. Elle exerçait le droit matrimonial dans l'un des plus grands bureaux d'avocats de Montréal. Elle était par ailleurs assez connue ayant défrayé les manchettes à l'occasion de quelques divorces hautement médiatisés dans la haute société. Comme Alex, Julie Renault était entièrement prise par son travail, y consacrant au moins 60 heures par semaine.

Alex ne l'avait jamais vue au Club auparavant car elle avait l'habitude de prendre ses leçons les jours de relâche d'Alex. Quand il la vit la première fois et que le pro eut fait les présentations, il nota qu'elle était jolie, blonde et d'allure sportive. Il remarqua surtout qu'elle était habillée à la dernière mode, avec une touche très personnelle. Manifestement, elle fréquentait les boutiques de mode et devait profiter de ses voyages à l'extérieur pour dévaliser les hauts lieux de la couture à Paris ou à New York. Elle avait aux pieds une paire de bottillons en cuir d'une rare élégance comme il n'en avait jamais vus auparavant, sans doute une création italienne ou espagnole. Alex devait constater par la suite qu'elle ne portait jamais les mêmes souliers ou bottes. Il pensa qu'elle devait y consacrer une grande partie de son salaire.

Cependant, la plus forte impression, il la ressentit lorsqu'ils se retrouvèrent sur le court de tennis. Julie Renault ne frappait pas fort, mais elle se déplaçait avec grâce et aisance, sans effort apparent. Confiant en sa propre force et sa rapidité, Alex s'était dit qu'il pourrait la battre assez facilement, de sorte que lorsque le match commença, il fut pris totalement par surprise.

Julie Renault ne frappait peut-être pas aussi fort que les hommes qu'il avait l'habitude d'affronter, mais elle frappait tout dans le rebond, en avant d'elle, si bien que les balles arrivaient beaucoup plus vite qu'on ne s'y attendait. De plus, fait assez rare, elle avait l'habitude de conclure fréquemment au filet par une volée très ferme et décisive. De toute évidence, et Alex le constata très vite, elle était une bien meilleure joueuse que les plupart des hommes du Club, y compris lui-même. Elle percevait immédiatement les faiblesses de son adversaire. Dans le cas d'Alex, c'était son revers qu'il avait tendance à couper pour se protéger. Tout au long de ce premier match, elle l'attaqua sans cesse de ce côté. Alex eut beau courir et se défendre, le match se termina en faveur de Julie au compte de 6-3, 6-3.

Après le match, ils prirent un sandwich au petit restaurant du Club. Alex la complimenta sur son jeu et dès lors, ils disputèrent un match au moins une fois par semaine. Alex était bien déterminé à lui arracher quelques sets et dorénavant, les leçons du pro visèrent à renforcer son revers pour mieux l'affronter. Il avait bien demandé à son instructeur de lui enseigner quelques trucs supplémentaires, mais ce dernier s'était contenté de lui répondre que Julie Renault avait frappé des milliers de balles de plus que lui et qu'il était difficile de surmonter de telles statistiques. De plus, avait-il ajouté, elle est comme une joueuse d'échecs; elle s'adapte rapidement à son adversaire et anticipe le jeu deux coups à l'avance.

Alex constata qu'ils avaient de nombreux points en commun, au premier rang le travail et leur détermination à y exceller. Si Alex avait le loisir de s'évader grâce au domaine sylvicole de son grand-père, Julie, elle, était beaucoup plus mondaine; elle s'occupait de plusieurs organismes de bienfaisance que son bureau encourageait. C'est ainsi qu'elle invita Alex au Bal des Enfants qui avait lieu chaque année au mois de juin, juste avant les vacances estivales. Julie était membre du conseil de cette organisation au profit des enfants leucémiques. Sa robe de bal, création d'un grand couturier, suscita une telle sensation que le couple fit l'objet d'une photo dans le Journal de Montréal du lendemain, à côté des photos de personnalités qui avaient assisté à la soirée. Mais indiscutablement, ils se distinguaient du lot tant par leur élégance que leur jeunesse radieuse.

Chapitre 20

Lorsque Madame Mathilde vit Alex le lendemain au bureau, son seul commentaire fut : « Beau petit couple ». Visiblement, la nouvelle avait fait le tour du bureau puisque la plupart des employés regardaient Alex avec un sourire amusé. Peut-être s'étaient-ils dit qu'après tout, Alex était un peu comme eux, qu'il avait une vie en dehors de l'entreprise, voire même une famille, contrairement à ce qu'ils avaient cru jusqu'alors. En effet, il semblait vivre en permanence au bureau. INTERFORCE fonctionnait sept jours sur sept, vingt-quatre heures sur vingt-quatre. Les employés qui travaillaient sur les différents quarts le voyaient régulièrement le soir et la fin de semaine.

De fait, depuis sa rencontre avec Julie, Alex n'allait presque plus au domaine de son grand-père. D'une part, INTERFORCE et sa recherche de croissance future le tenaient accaparé et d'autre part, Julie était incontestablement une fille de la ville. En juin, il l'avait amenée au domaine pour passer la fin de semaine. Le printemps précédent, il y avait fait construire un superbe terrain de tennis en terre rouge entouré de gazon, comme on en retrouve en Europe. Dans son esprit, il le comparait à un écrin de velours vert serti d'un rubis. Ils en profitèrent pour jouer tout leur saoul et chaque fois, Julie le battit après une longue lutte.

Au retour, un trajet qui prenait plus d'une heure trente, elle lui avait gentiment fait comprendre qu'elle préférait jouer au Club de la Montagne où ils s'étaient abonnés pour la saison estivale.

Même s'il avait annoncé au conseil d'administration qu'il avait mis l'environnement de côté, Alex avait néanmoins continué de plancher tout l'été sur le projet.

Il avait demandé à Madame Mathilde de contacter un certain Michael Lareau, le représentant d'une organisation internationale spécialisée en écologie installée à Montréal, qui était fréquemment interviewé dans les médias. Madame Mathilde avait eu énormément de difficulté à le rejoindre car il voyageait souvent à l'étranger. Quand enfin elle réussit à lui parler, elle eut beaucoup de mal à le convaincre de rencontrer Alex, surtout lorsqu'il apprit que celui-ci était le président d'une société négociée en Bourse. Mais Madame Mathilde, qui en avait vu d'autres, avait fini par briser sa résistance lorsqu'elle lui avait déclaré que son patron avait été très impressionné par ses prestations à la télé. Il souhaitait lui demander conseil au sujet d'un projet impliquant l'environnement. La rencontre avait été organisée au centre-ville dans les bureaux de l'organisation.

Alex était très à l'aise dans les rencontres comportant plusieurs personnes ou dans les assemblées publiques, mais il l'était moins dans les rencontres en tête à tête, et c'est la raison pour laquelle il confiait habituellement ces tâches à Madame Mathilde qui avait le don d'aplanir toutes les difficultés, tous les irritants. Elle avait le don de percer les gens, d'identifier leurs forces et leurs faiblesses, puis d'attaquer par le chemin qui lui semblait le plus droit, le plus facile et le plus propice à atteindre ses fins.

Alex, lui, était tout d'un bloc. Si la personne ne lui plaisait pas, il n'essayait pas de l'aborder par des détours et il coupait tout simplement contact. Par le passé, cette façon de faire lui avait valu bien des tracas et c'est pour cela qu'il estimait tant Madame Mathilde et son intuition.

Avec Michael Lareau, la rencontre ne s'était pas bien passée. Alex l'avait jaugé immédiatement avec ses longs cheveux et une tenue qui, bien qu'elle se voulait décontractée, était sûrement étudiée. De son côté, Michael Lareau avait sans doute jugé Alex comme le prototype du parfait petit capitaliste avec son complet marine et sa cravate assortie, un autre capitaliste de droite pour qui seul l'argent est maître.

Alex lui avait longuement présenté INTERFORCE et son projet, mais rien n'y fit. Michael Lareau semblait fermé et les questions qu'il lui posait trahissaient un scepticisme latent, et même croissant au fil de la discussion.

La rencontre s'était abrégée quelque peu abruptement lorsque Michael Lareau lui avait dit :

— Votre projet pourrait être intéressant, Monsieur

Le Grand, mais pourquoi confierions-nous un tel projet à une entreprise publique? Nous pouvons le faire nous-mêmes!

D'instinct, Alex avait sèchement rétorqué :

— Mais parce que nous avons eu l'idée en premier et que nous avons déjà en place toute l'infrastructure nécessaire pour mener à bien un tel projet. Tout ce que nous désirons, c'est le support d'une organisation comme la vôtre pour nous guider dans ce domaine et nous éviter de commettre des erreurs.

— Je vais soumettre votre idée à notre organisation et nous allons y réfléchir. Permettez-moi de vous rappeler que nous avons l'habitude de mener nous-mêmes nos actions. Je vois mal comment nous pourrions nous associer à une entreprise comme la vôtre, de surcroît une compagnie inscrite en Bourse.

Alex avait rapporté à Steve le déroulement de la réunion et le peu d'espoir qu'il en retirait.

— Mais j'ai tiré une leçon importante qui devrait me servir à l'avenir. Dorénavant, tu vas m'accompagner lors de ces rencontres. Je crois que nous aurons plus de succès à deux et surtout, tel que je te connais, tu vas m'éviter bien des faux pas.

Au milieu du mois d'août, INTERFORCE annonça ses résultats pour le deuxième trimestre terminé le 30 juin. Les revenus étaient en hausse de 10 %, mais les profits dépassaient légèrement 1,6 millions de dollars, soit environ 0,07 $ par action après les rachats d'actions. Ils étaient largement en avance sur les prévisions budgétaires, grâce entre autres au plus petit nombre d'actions en circulation. Il y avait donc lieu de croire que la compagnie ferait mieux que 0,25 $ par action pour l'année complète, sans compter qu'elle était toujours assise sur une encaisse de 1,40 $ l'action. Curieusement, le titre restait collé à 3 $ sur de faibles volumes de transactions. Mais comme on était en été, tout tournait au ralenti.

Guy Ouimet, le gestionnaire du fonds de petites actions qui avait fait le plein des actions d'INTERFORCE en début d'année, lui avait téléphoné à la suite de la publication des résultats pour le féliciter et le prévenir qu'une petite firme de courtage de Toronto, qui avait également des bureaux à Montréal, l'appellerait prochainement au sujet de la rédaction d'un rapport de recherche sur INTERFORCE. Étant lui-même un bon client de cette firme, il les avait facilement convaincus du bien-fondé de ce rapport. En règle générale, Guy Ouimet aimait bien avoir une opinion externe et par le passé, cette firme de courtage avait déniché des petits titres, tel INTERFORCE, qui étaient devenus des succès par la suite. Depuis trois ans, ce serait la première firme de courtage à s'intéresser à INTERFORCE.

Durant la troisième semaine du mois d'août, Steve convainquit Alex de se rendre au Lac St-Jean pour rencontrer un certain Jean Genest, professeur en environnement à l'Université du Québec à Chicoutimi. Alex ne le connaissait pas, mais dans ses recherches, Steve était tombé sur un livre, « Les grands défis de l'environnement », que ce monsieur avait écrit quelques années auparavant, livre qui se penchait sur le réchauffement climatique et les solutions de rechange au pétrole. Son livre, au demeurant fort bien fait, n'avait malheureusement pas attiré l'attention populaire, mais il était devenu une référence dans les milieux scientifiques et universitaires.

Steve et Alex décidèrent de se rendre au Lac St-Jean en automobile, une distance de plus de 500 km depuis Montréal. Steve lui avait fait valoir que ce serait un peu comme des vacances et qu'on en profiterait pour passer par Québec et Chicoutimi, des villes particulièrement jolies en été. Alex avait rétorqué qu'on profiterait plutôt du trajet en auto pour faire le point sur les différents dossiers et préparer la prochaine année.

À l'aller, ils avaient décidé de passer par Québec, puis d'emprunter le Parc des Laurentides, d'une longueur de plus de 150 km, où pendant plus de deux heures, seules les épinettes noires et les lacs profonds défilaient au gré des côtes. À l'occasion, on apercevait un orignal aux abords d'un lac, occupé à manger des nénuphars et des quenouilles.

Jean Genest leur avait donné rendez-vous à son petit chalet sur les rives du lac St-Jean, un lac qui s'apparentait plutôt à une mer intérieure et qui s'étendait à perte de vue. C'est là que Jean Genest et son épouse passaient les vacances d'été. La semaine suivante, il serait de retour à l'université. Dans ce pays nordique, l'été dure environ deux mois et déjà, les nuits s'étaient rafraîchies et le soleil baissait de plus en plus sur l'horizon.

Quand Steve et Alex cognèrent à la porte du chalet, ils furent très étonnés de voir surgir un géant de près de deux mètres, au crâne entièrement rasé. Étonnamment, sa femme était toute menue. Jean Genest était en fait un gentil géant. Ils sympathisèrent immédiatement avec le couple.

Ils avaient convenu entre eux que Steve présenterait la compagnie et le projet d'une nouvelle plateforme en environnement. Après avoir fait plus ample connaissance et discuté de la pluie et du beau temps, Steve aborda le motif de leur visite. Jean Genest était un homme de peu de mots; en outre, il savait écouter avec beaucoup de concentration. Évidemment, tout ce qui concernait l'environnement, son champ d'expertise, l'intéressait vivement, mais ils s'aperçurent vite qu'il en était ainsi de tous les sujets qu'ils abordèrent au courant de l'après-midi et du souper auquel les avait gentiment conviés le couple. Dans la plus pure tradition d'hospitalité qui caractérise les gens du Nord, ils avaient également été invités à partager le petit déjeuner du lendemain, invitation qu'ils avaient acceptée en précisant toutefois qu'ils devaient reprendre la route assez tôt pour le retour à Montréal.

Ils quittèrent le chalet vers 21 heures pour se rendre à l'auberge locale où ils avaient réservé des chambres.

Le lendemain matin, après un copieux déjeuner, Jean Genest prit enfin la parole. Il semblait à Alex et à Steve qu'ils avaient jusque-là fait les frais de la conversation, de même que sa charmante épouse qui, contrairement à son mari, était fort volubile.

— Je crois que c'est un merveilleux projet et que vous ne devez pas vous décourager. L'environnement sera au cœur de nos préoccupations pour des générations à venir; vous avez tout le temps devant vous. Il est toujours possible que quelqu'un vienne vous chiper votre idée, mais l'important est que votre projet soit bien monté, bien ficelé. Le concept d'un porte-parole crédible ou d'une association avec un organisme reconnu m'apparaît comme capital. De concert avec cette personne ou organisme, vous devrez créer une certification reconnue qui deviendra en quelque sorte le sceau de votre entreprise.

Je comprends qu'INTERFORCE est une société ouverte et que le temps presse toujours, mais dans ce cas précis, je vous enjoins de prendre votre temps. L'environnement est un sujet sensible et très médiatisé. Toute faille, toute erreur risque de compromettre à jamais les chances de réussite de votre projet. Je suis prêt à vous aider dans la mesure de mes moyens. J'ajouterai que j'aimerais beaucoup que votre projet aboutisse un jour. Je participe régulièrement à des conférences et à des congrès sur l'environnement. Discrètement, je vais en toucher un mot à des confrères que je respecte beaucoup et en qui j'ai confiance. Idéalement, votre porte-parole devrait être américain ou s'exprimer très bien en anglais, ce qui n'est pas mon cas. En outre, il devra être très bien reçu dans les médias nord-américains. Finalement, et que ce soit bien clair, je ne veux pas être payé pour mon aide. Tenez-moi informé de tout développement et je vous tiendrai informés de mes démarches. Il faut que ce projet aboutisse!

Lorsqu'ils reprirent la route, Alex insista pour que Steve, qui était au volant, emprunte la route des fjords du Saguenay. Cette route allongeait le trajet d'un bon deux heures, mais elle leur faisait traverser l'un des endroits les plus majestueux du Québec. Des villages pittoresques défilaient le long la rivière Saguenay, enchâssée par des caps sombres et menaçants. La rivière allait se jeter dans le fleuve Saint-Laurent à la hauteur de Tadoussac, d'où ils prendraient le traversier pour Baie Ste-Catherine.

— Je suis bien content que tu relaxes un peu, dit Steve, et que l'on profite du paysage.

— Je veux qu'on aille moins vite surtout pour faire le point. Jean m'a convaincu qu'il fallait prendre notre temps avec l'environnement, mais il reste un problème : comment faire croître l'entreprise entre-temps. Les choses vont bien, et même mieux que je l'avais prévu initialement, mais il faut songer à l'avenir. Il y aura bientôt un an que je suis en poste et nous allons devoir recourir à un plan B. J'ai bien l'intention de renouveler le programme de rachat d'actions prochainement, mais nous devrons probablement nous limiter à la norme de 5 % et encore, seulement si les actions faiblissent sur le marché. Pas question de courir après. Cette année, elles sont d'ailleurs mieux évaluées par le marché que l'année dernière.

Les paysages se succédaient, plus beaux les uns que les autres, et pendant ce temps, la réflexion se poursuivait. La beauté des paysages, dénués de tout artifice autre que ceux prévus par la nature, les inspirait peut-être, ou du moins les apaisait, en particulier Alex.

Quelque deux heures plus tard, ils étaient parvenus à la conclusion que le programme de primes pour le recrutement de nouveaux abonnés devait être prolongé, mais qu'on allait le limiter à 250 $. Un programme de ce genre remontait indéniablement le moral des troupes, les stimulait et leur donnait un objectif. En revanche, il avait ses limites et on aurait tort de l'oublier.

La compagnie disposait de plus de 30 millions de dollars d'encaisse, en tenant compte des derniers résultats, et il fallait mettre cette encaisse à l'œuvre ou l'investir. Pour le moment, il n'y avait aucune acquisition en vue. D'un commun accord, ils convinrent d'ouvrir des bureaux de vente destinés uniquement au recrutement de nouveaux abonnés. La petite équipe montée par Steve les avait naturellement amenés à cette décision. Le premier bureau devrait évidemment se situer aux États-Unis, où la majorité des abonnés se trouvaient, et plus précisément dans le nord-est de manière à être plus près du siège social. Leur choix se fixa sur Albany, une ville à mi-chemin entre Montréal et New York. Par la suite, on ouvrirait vraisemblablement des bureaux en Europe et en Asie, et plus tard en Amérique du Sud. Chaque bureau occasionnerait des dépenses annuelles de l'ordre de 500 000 $ en salaires et en location. Bien entendu, la première année serait plus ou moins rentable, mais lorsqu'on considérait la durée moyenne de chaque abonnement, soit plus de cinq ans, on parlait de revenus récurrents très profitables à long terme.

À midi, ils s'arrêtèrent à quelques kilomètres de Tadoussac, dans une charmante auberge située sur un flanc escarpé d'où une végétation sauvage plongeait abruptement vers la mer. La vue était à couper le souffle et durant le repas, ils virent même quelques baleines s'ébrouer avec entrain. Le spectacle était si captivant que le service avait tout simplement été interrompu pendant un bon quart d'heure, de sorte qu'ils ne reprirent la route que vers deux heures. Si tout allait bien, ils seraient à Montréal vers 18 heures.

En cours de route, ils passèrent par de jolis villages aux noms curieux comme Port-au-Persil, Cap-à-l'Aigle et Murray Bay. Au début du siècle dernier, de riches Américains avaient coutume d'envahir ces endroits de villégiature pendant les mois d'été pour échapper à la chaleur torride de New York et de Washington.

Ça faisait plus d'une heure qu'ils étaient en route et Alex n'avait pas prononcé un mot. Pensant qu'il dormait, Steve jeta un coup d'œil de son côté. Pourtant non, il était bien éveillé.

— Je pensais que tu faisais un petit somme, mais je suis bien content que tu admires le paysage.

— C'est vrai que je profite des paysages, mais tu n'y es pas du tout. Je réfléchissais. On est assis sur plus de 30 millions de dollars d'encaisse et si tout va bien, ce montant continuera de grossir. On n'a aucun projet d'acquisition pour le moment, bien qu'on ne sache jamais ce que l'avenir nous réserve. Je faisais mentalement le tour de nos divisions en me demandant si nous pourrions investir dans certains stocks pour les revendre plus tard avec profit. Autrement dit, générer des profits additionnels en nous servant de notre encaisse qui dort sans presque rien rapporter.

En examinant chaque division individuellement, je me rends compte que ce ne serait pas sage. Prenons par exemple l'électronique, les télécommunications et les appareils médicaux. Des stocks de ce genre ont tendance à se déprécier rapidement, supplantés par les nouvelles technologies. De plus, nous ne possédons pas l'expertise nécessaire pour les gérer. On pourrait faire à l'occasion un coup de circuit, mais plus souvent qu'autrement, on risquerait d'y laisser notre chemise. Toutefois, si je pense à la division « Pierres précieuses et diamants », c'est sûr que les stocks risquent moins de se déprécier, mais c'est un marché fermé où nous manquons d'expertise; nous risquons donc de rester pris avec nos stocks.

De tout ce que nous touchons, il n'y a qu'un produit

qui risque de se bonifier avec le temps : le vin. Mais encore là, nous manquons d'expertise. J'aime bien prendre une bonne bouteille à l'occasion, mais en aucun cas, je ne me qualifierais de connaisseur. Toi, Steve, tu t'y connais beaucoup mieux, mais tu serais probablement bien embêté de recommander les meilleurs vins dans lesquels nous devrions investir.

— Même moi, comme tu le dis, qui en connais un peu plus que la moyenne, je suis perdu devant les milliers de vins qui existent sur les quatre continents, sans compter que d'une année à l'autre, la qualité varie considérablement et que de nouveaux vins font sans cesse leur apparition.

Un autre élément dont il faut tenir compte est que la division « Vin » a été créée en participation avec la Société des Alcools du Québec, un monopole d'État par lequel passent tous les vins et spiritueux. Il y a une dizaine d'années, nous avons signé un contrat en vertu duquel la SAQ nous verse 500 000 $ par année pour supporter la division. La SAQ est l'un des plus gros acheteurs dans le monde et elle voulait réunir tous ses fournisseurs sur une même plateforme. Depuis, le contrat a été renouvelé tous les cinq ans. Grâce à la SAQ, la division est sans problème et légèrement profitable. Dans la plupart des cas, la SAQ nous réfère les abonnés qui veulent faire affaire avec elle. Le gros des transactions effectuées sur le site origine de la SAQ, je dirais les trois quarts, le reste étant des transactions avec des producteurs de vin d'assemblage et des distributeurs de vin. C'est sûr que si nous faisions quoi que ce soit de ce côté, il faudrait obtenir le consentement de la SAQ.

— Mon idée est embryonnaire, mais je crois qu'elle mérite qu'on la poursuive.

Voici ce que j'ai pensé et qui serait complètement différent de tout ce que nous avons fait jusqu'à présent. Nos plateformes réunissent exclusivement des manufacturiers, des grossistes, des distributeurs, autrement dit des spécialistes de l'industrie. C'est aussi vrai pour la division « Vin ». Pourquoi n'ajouterions-nous pas un volet consommateur, notamment pour le vin? Nous avons un millier de fournisseurs en vin et nous possédons une plateforme électronique. Alors pourquoi ne choisirions-nous pas les meilleurs vins pour les vendre directement aux amateurs par le biais d'Internet? Nous pourrions percevoir une ristourne sur chaque bouteille vendue. Cette formule ne fonctionnerait pas avec nos autres divisions et leurs produits. Nous pourrions attirer de nouveaux fournisseurs tentés par de plus petits volumes, mais mieux encore, nous pourrions créer la petite étincelle qui nous manque actuellement.

— Alex, tu n'arrêteras jamais de me surprendre. On dirait que ton cerveau fonctionne sans arrêt et à toute vitesse, ce qui n'est pas toujours un gage de valeur, mais cette fois-ci, je crois que ton idée est géniale.

— Il faut battre le fer quand il est chaud.

— Tu devrais plutôt dire qu'il faut boire le vin quand il est tiré.

Chapitre 21

Ils étaient trop fébriles pour poursuivre leur route. Ils s'arrêtèrent donc sur le bord du chemin et pendant une bonne demi-heure, ils brassèrent toutes sortes d'idées. Ils s'adresseraient à un marché mondial rendu accessible grâce à l'Internet, ils possédaient la plateforme technologique pour concrétiser leur idée, ils avaient accès à un millier de producteurs dans le monde qui y verraient un nouveau débouché, ils disposaient des ressources financières, humaines et logistiques. Très vite, il leur apparut qu'il ne leur manquait qu'un élément : l'expertise.

— Oui, j'aime bien déguster une bonne bouteille à l'occasion, dit Alex, et mes préférences ont toujours porté vers les grands Bourgogne, les Côtes du Rhône, les Châteauneuf du Pape et les Gigondas, mais tu vois, je ne connais à peu près rien des vins de Bordeaux et de Toscane. Toi, Steve, tu connais les vins dix fois mieux que moi et tu sais reconnaître les meilleurs.

— Je n'ai pas de mérite. Comme toi, je préfère davantage les apprécier que les rechercher. Je crois t'avoir déjà mentionné que je suis abonné depuis une dizaine d'années à une petite lettre traitant des vins. Elle porte le nom d' « In Vino ». Je ne connais pas bien le rédacteur, un dénommé Jean Vinet, car il reste très discret et ne fait jamais d'apparitions à la télévision. Il habite à Québec et travaille probablement à partir de chez lui. Ses trouvailles, il les réserve uniquement à ses abonnés et il refuse de commenter dans les médias. Sa publicité se fait par le bouche à oreille. D'ailleurs, c'est Michel Laforce, lui-même un fin connaisseur, qui m'avait recommandé cette lettre. L'abonnement coûte seulement 95 $ par année. Une fois par mois, Jean Vinet publie sa « recommandation du mois » et plusieurs autres suggestions de vins qu'on peut trouver à la SAQ. Il s'occupe aussi d'importations privées auprès de petits vignobles pour le compte de ses abonnés. Ces importations ont lieu trois ou quatre fois par année par l'entremise de la SAQ qui rajoute ses taxes. Le type est génial et il emploie un langage unique pour décrire les vins.

Ce qui est encore plus intéressant, il a développé il y a une vingtaine d'années son propre système de cotation, baptisé « Système COTE 100 », qui lui permet de quantifier les vins en fonction de leur valeur intrinsèque, la robe, le bouquet et les arômes, mais plus particulièrement de leur rapport qualité-prix. Ainsi, un vin de 15 $ peut obtenir une meilleure cote qu'un vin de 30 $, ou même 40 $, s'il possède à peu près les mêmes qualités et qu'il se détaille deux fois moins cher. Je n'ai jamais regretté de m'être abonné et je renouvelle systématiquement mon abonnement, année après année. Grâce à « In Vino », j'ai fait de belles trouvailles et j'ai même adopté quelques vins de petits producteurs. Jean Vinet se concentre sur les vins à moins de 60 $ la bouteille et il a coutume de dire que ses abonnés n'ont pas besoin de lui s'ils veulent acheter un Petrus ou un Romanée-Conti.

— Steve, il faut absolument qu'on rencontre ce type. C'est la personne idéale pour juger si notre projet a du sens. Peut-être serait-il même intéressé à nous conseiller. As-tu ses coordonnées?

— Pas avec moi. J'ai des copies de sa lettre à la maison, mais pendant mon absence, Michelle est chez sa mère pour des petites vacances avec les enfants.

— On va arrêter au prochain poste d'essence. Ici, mon cellulaire ne rentre pas. Je vais appeler Madame Mathilde pour qu'elle déniche ce Jean Vinet et essaie de nous obtenir un rendez-vous demain à Québec.

Les postes d'essence étaient dispersés dans la région. Ils en trouvèrent finalement un à l'entrée de Baie St-Paul, village que fréquentaient les peintres québécois et qui fourmillait de petites galeries d'art. Mais Alex avait d'autres préoccupations en tête. Quand il eut rejoint Madame Mathilde, il lui communiqua le nom de Jean Vinet, celui de sa lettre, « In Vino », et le fait que Steve Murray était un abonné de longue date. Puis il lui demanda d'essayer d'organiser un rendez-vous pour le lendemain. Il lui demanda également de réserver deux chambres au Château Frontenac. Construit il y a une centaine d'années, cet hôtel renommé dominait le cap Diamant et le secteur historique du

Vieux-Québec. Il savait que Madame Mathilde raffolait de ces défis et qu'aussitôt qu'il aurait raccroché, elle s'activerait à obtenir un rendez-vous pour lui et Steve Murray.

Ils n'avaient plus la tête à visiter et vers 18 heures, ils arrivèrent au Château Frontenac, un imposant édifice de pierre aux toits de cuivre verdis par le temps. Des chambres avaient effectivement été réservées à leur intention et Madame Mathilde avait laissé un message annonçant qu'elle n'avait toujours pas réussi à contacter Jean Vinet et qu'elle rappellerait au courant de la soirée.

Ils décidèrent de dîner à l'hôtel et de profiter de l'excellente cuisine de son réputé chef français. Au moment de commander le vin, ils s'aperçurent qu'ils éprouvaient un intérêt nouveau, ce qui les incita à poser une foule de questions au sommelier qui s'attarda avec plaisir à les diriger dans leur choix.

Sans trop y penser, Alex demanda au sommelier s'il connaissait Jean Vinet, un expert en vin de Québec. Non, il ne le connaissait pas, mais lorsque Steve lui mentionna la lettre « In Vino », son regard s'alluma. En effet, il en avait fréquemment entendu parler et un de ses clients, fin connaisseur, y était même abonné.

Avant de retourner à leurs chambres respectives, Alex alla à la réception pour vérifier si un message les attendait. La réceptionniste lui tendit un petit billet : Jean Vinet, 19 avenue Wilfrid-Laurier, rendez-vous 9 h 30 demain matin. Alex eut un petit sourire en coin, admirant une fois de plus l'efficacité de Madame Mathilde. S'il avait su les efforts qu'elle avait déployés et les démarches qu'elle avait effectuées pour le retrouver, il aurait été encore plus admiratif.

L'avenue Wilfrid-Laurier était adossée à la Grande Allée, une rue qui passait par l'Assemblée Nationale, siège du gouvernement québécois. C'était une rue « branchée », avec plein de restaurants, de terrasses et de bars souvent ouverts jusque tard dans la nuit. C'était le lieu de rassemblement de toutes les fêtes, été comme hiver, surtout pendant le Carnaval de Québec qui a lieu en février. Située en arrière-cour, l'avenue Wilfrid-Laurier était, curieusement, une oasis de tranquillité. Cette rue marquait le commencement des plaines d'Abraham. Les résidences cossues du début du siècle se succédaient face au parc Jeanne d'Arc, un jardin de fleurs réputé qui alliait le style classique français aux plates-bandes à l'anglaise. Tous les quinze mètres environ, le parc était ceinturé d'arbres centenaires aux pieds noueux, sous l'ombre desquels on avait installé des bancs en bois et en fer forgé où de nombreux Québécois rêvassaient tout au long du jour, parfois un livre à la main. Le contraste entre Grande-Allée, la branchée, et Wilfrid-Laurier, la surannée, était saisissant.

Lorsqu'ils sonnèrent au numéro 19, un petit homme fin cinquantaine, au crâne dégarni et le menton orné d'un bouc blanc, vint leur ouvrir. Steve ne l'avait jamais vu, même s'il était abonné à sa lettre depuis dix ans.

— Qui de vous deux est Steve Murray? dit-il avec un sourire accueillant et en offrant une franche poignée de main.

De toute évidence, Madame Mathilde s'était servie de Steve pour décrocher un rendez-vous aussi rapidement.

Steve lui présenta Alex comme étant son patron, mais pour Jean Vinet, ils ressemblaient davantage à des frères ou à deux amis. Ils s'installèrent au salon. Il n'y avait personne d'autre dans la maison. Jean Vinet devait être célibataire.

Ce fut Steve qui décrivit INTERFORCE et ses différentes divisions, dont la division « Vin » qu'il avait lancée une dizaine d'années auparavant pour le compte de la SAQ. Jean Vinet connaissait la plupart des producteurs de vin que représentait INTERFORCE, mais il n'avait jamais entendu parler d'INTERFORCE. Puis Steve lui parla du projet qu'ils envisageaient, la distribution de vins directement au consommateur par le biais d'Internet. Ils étaient venus lui demander personnellement conseil car s'ils étaient tout deux des amateurs de vin, c'était malheureusement tout ce qu'ils étaient, des amateurs. Peut-être Jean Vinet serait-il intéressé à participer à un tel projet?

Jean Vinet les écouta avec beaucoup d'attention. Il avait été convenu que Steve mènerait la discussion et qu'Alex interviendrait le moins possible. Mais une heure plus tard, il ne faisait pas de doute que le contact s'était fait entre eux, de sorte qu'Alex pouvait dorénavant participer pleinement à la discussion.

— Allons prendre une marche dans le parc, si vous n'y voyez pas d'inconvénient. La journée est superbe. J'ai l'habitude de m'y rendre tous les matins. Vous verrez, c'est magnifique!

Tout en marchant, ils poursuivirent leur conversation. C'est ainsi qu'Alex et Steve en apprirent plus long sur leur interlocuteur.

Jean Vinet avait perdu son épouse Nicole vingt ans auparavant des suites d'un cancer. Sa mort avait été un choc terrible pour lui et son chagrin l'avait amené à réévaluer ses priorités. À l'époque, il était vice-président d'une des plus grosses compagnies d'assurance de Québec. Il décida de vendre ses parts et acheta la maison centenaire qu'il habitait toujours et qui avait été le rêve de son épouse. Madame Vinet avait eu une véritable passion pour les fleurs, leur diversité, leurs couleurs, leurs parfums. Par beau temps, elle ne manquait jamais de se rendre au parc Jeanne d'Arc pour lire et admirer les fleurs. C'est pourquoi lui-même continuait de le fréquenter avec beaucoup d'assiduité.

La passion de Jean Vinet avait été le vin. Ce qui l'intéressait par-dessus tout? Les gens derrière la scène, les vignerons, les régions de la France, de l'Italie ou d'ailleurs, les cépages, son histoire. Pour parfaire ses connaissances, il s'était mis à lire, à voyager, à visiter, à s'informer. Chaque jour, il apprenait, et chaque jour, il mesurait combien il lui restait à apprendre.

Il avait débuté sa lettre « In Vino » à titre de passe-temps pour oublier le vide laissé par le départ de son épouse Nicole. Les premiers temps, il n'avait que quelques abonnés, mais le bouche à oreille aidant, leur nombre avait grandi. Au fil du temps, il avait compris ce que ses abonnés aimaient par-dessus tout : qu'il déniche pour eux des petites maisons, des petits vignobles, des noms peu connus, mais qui représentent réellement des aubaines.

Son système de cotation, où le rapport qualité-prix est très important dans la pondération, avait été sans contredit sa plus grande réussite. Il s'était toujours montré rigoureux avec son système, n'avait jamais fait de concession.

— Lorsque je recommandais un délicieux petit vin de la Loire parce qu'il était une véritable aubaine, je n'hésitais pas à le bannir de ma liste l'année suivante si son prix avait trop grimpé ou si les vendanges n'avaient pas été à la hauteur. Je n'ai jamais plié là-dessus et c'est sans doute pour cela que mes abonnés m'ont toujours fait confiance au long des années.

Aujourd'hui, bon an mal an, « In Vino » comptait près de 2000 abonnés. La lettre n'entraînait aucune dépense autre que les services d'une secrétaire pigiste et les frais d'impression et de poste. Jean Vinet ne faisait pas de publicité et ne souhaitait pas recruter un plus grand nombre d'abonnés. Ses conseils, il les donnait seulement par le biais d' « In Vino », jamais autrement, par respect pour ceux qui lui faisaient confiance.

— J'arrondis mes revenus en percevant quelques ristournes d'importations privées, mais sachez bien que mon but n'a jamais été de faire de l'argent. On dit que la dette rend l'homme esclave. Moi, je n'ai jamais eu de dette et je n'ai jamais voulu être esclave de l'argent. Un peu de soleil et de vin me suffisent amplement. De toute façon, ne dit-on pas que « le vin est du soleil en bouteille »?

Votre projet est intéressant et c'est la première fois que j'entends une idée du genre. Il vous suffit de trouver un expert ou deux, et vous pourrez facilement la lancer.

— Oui, dit Alex, mais plus je vous écoute, plus je pense que c'est vous qu'il nous faut.

— Jeunes gens, vous aurez bien de la difficulté à me convaincre. Je suis un homme qui approche de la vieillesse. Je n'ai plus d'ambitions, mais j'admire les vôtres. Il y a vingt ans, je vous aurais peut-être mieux écoutés, mieux entendus.

Chapitre 22

Le lendemain, Alex était de retour sur la Rive-Sud à la première heure. Il exposa à Madame Mathilde l'idée que lui et Steve avaient eu de lancer une nouvelle division « Vin » à l'intention de l'amateur et à quel point l'implication de Jean Vinet était importante pour mener ce projet à bien. Malheureusement, ce dernier ne semblait avoir aucun intérêt à y participer.

— Parlant de ce monsieur, j'ai eu toutes les misères du monde à le contacter, mais une fois que j'y suis arrivée, il m'a semblé très gentil. Figurez-vous qu'il n'a même pas de répondeur. Après des dizaines d'appels téléphoniques, j'ai finalement rejoint un voisin qui m'a informée que Monsieur Vinet était allé aux Fêtes du Moyen Âge et qu'il serait de retour à la maison vers 21 heures 30. Le reste, vous le savez.

Ne vous découragez pas. Vous trouverez sûrement le moyen de le faire changer d'avis. Il y a juste les idiots qui ne changent jamais d'idée. Entre-temps, vous devriez rencontrer quelques spécialistes du vin, ne serait-ce que pour recueillir d'autres opinions. Peut-être en dénicherez-vous un qui sera prêt à appuyer votre projet. Je vous conseille d'écrire un petit mot à Monsieur Vinet pour le remercier de son accueil. Profitez-en pour vous abonner à sa lettre « In Vino » et dites-lui que vous aimeriez bien le rencontrer de nouveau lors d'une prochaine visite à Québec. Maintenant, j'ai une nouvelle à vous annoncer.

Quelque chose dans le ton de sa voix le fit lever les yeux. Il lui jeta un regard interrogateur.

— Léonce est venu m'annoncer qu'il devait prendre sa retraite et qu'il quitterait l'entreprise le 15 septembre prochain. Il était gêné de venir vous l'annoncer lui-même.

— Nous allons perdre un gros morceau; je l'aimais bien. Vous a-t-il révélé les motifs d'une décision aussi soudaine? Il me semblait très en forme la dernière fois que je l'ai vu. Il pétait le feu pendant toute la durée des travaux de construction.

— Oh, il ne s'agit pas de lui, mais plutôt de sa femme qui souffre d'hypertension. Le médecin lui a recommandé le repos complet et d'éviter tout stress. Léonce veut s'occuper d'elle à plein temps. J'ai pensé qu'on pourrait organiser une petite fête en son honneur avec les employés. Il faudrait lui offrir un cadeau digne de lui. J'ai pensé à un ensemble de cannes à pêche dernier cri et à un fusil de chasse.

— C'est une bonne idée, dit Alex qui commençait déjà à mijoter quelque chose. Dites-lui que nous sommes désolés de son départ et que je vais le rencontrer bientôt.

Alex et Steve continuaient de travailler sur leurs projets. Alex, surtout, faisait penser à un pur-sang qui attend le coup de départ dans le box. Ses deux projets, « Environnement » et « Vin », n'avançaient pas comme il le souhaitait et dans ces moments-là, il piaffait d'impatience.

Dans le passé, c'était Madame Mathilde qui le calmait, mais Steve, avec son tempérament égal et calme, prenait de plus en plus la relève. Il avait bien vu que leur voyage, qui n'avait pas remporté le succès escompté mais qui traçait peut-être l'avenir d'INTERFORCE, avait quelque peu usé les nerfs d'Alex.

Ils avaient convenu de ne pas informer le conseil d'administration de leurs démarches tant qu'ils n'auraient rien de plus concret à annoncer. Steve suggéra fortement à Alex de prendre une semaine de vacances, juste avant la rentrée de septembre. Pendant ce temps, lui-même verrait à organiser l'ouverture du bureau d'Albany.

— J'ai un Américain en vue qui travaillait pour l'un de nos premiers clients dans la division « Informatique ». Sa boîte vient d'être vendue à un gros conglomérat et il se retrouve sans emploi. Il connaît notre entreprise et je pense que c'est le gars idéal pour développer le marché des États-Unis. Il est très actif au sein de l'Association des manufacturiers.

Alex accueillit la suggestion de Steve avec empressement. Il avait besoin d'une pause après une année qui, même si elle avait filé en coup de vent, avait néanmoins laissé des traces. En plus, il s'était inscrit au tournoi de fin d'année du Club de la Montagne avec

Julie, tournoi qui avait lieu cette semaine-là. Ensuite, il s'était promis de passer le long week-end de la fête du Travail à son domaine. Le moment tombait bien puisque Julie était également en vacances durant les deux dernières semaines d'août.

Alex était avant tout un joueur de simple et surtout, il jouait pour l'exercice. Le double n'était pas son fort car il ne s'y adonnait pratiquement jamais. Pour Julie, c'était tout le contraire. Néanmoins, ils gagnèrent le tournoi après quatre longs matchs. Alex courait les balles; Julie dirigeait Alex et le jeu. Durant la semaine, ils en profitèrent pour faire beaucoup de shopping, de toute évidence l'activité préférée de Julie, et fréquenter les restaurants terrasses le soir.

Pour la fin de semaine, ils avaient convenu de se rendre au domaine d'Alex, d'y jouer quelques matchs de tennis et de relaxer avant le retour au travail.

Alex éprouvait quelques remords à ne pas aller plus souvent au domaine. Il avait bien un voisin fermier qui veillait sur la maison et à l'entretien, mais ses longues absences créaient un vide et le domaine avait perdu quelque peu de son charme, de son âme. Chaque fois qu'il s'y rendait, il ressentait un pincement au cœur et avait une pensée pour son grand-père.

Il voulait convaincre Julie de l'accompagner régulièrement au domaine pendant l'automne et peut-être même l'hiver prochain. L'endroit était magnifique durant la saison froide avec tous les conifères chargés de neige et le silence qui enveloppait la nature comme une chape. Mais il savait que la tâche serait ardue car Julie appréciait avant tout la ville et ses lumières.

Le lundi de la fête du Travail, ils jouèrent un dernier match de simple avant de prendre le chemin du retour. Pour la première fois depuis qu'ils jouaient ensemble, Alex était parvenu à battre Julie avec un score assez décisif de 6-4 et 6-2. Elle semblait déconcentrée et, chose qu'elle ne faisait que rarement, elle s'était emportée à quelques reprises, s'adressant même quelques mots de reproche sur son jeu. Pensant que c'était le retour au travail du lendemain qui la préoccupait, Alex lui dit gentiment qu'il n'avait pas de mérite à avoir gagné, qu'elle avait visiblement la tête ailleurs, peut-être à la cour ou au bureau.

— Ce n'est pas ça, ce sont ces satanées petites mouches noires qui me collent à la tête. Aussitôt que je me pointe à l'extérieur, particulièrement sur le court de tennis, on dirait que je les attire instantanément! Elles ne me piquent pas, mais virevoltent sans arrêt autour de ma tête.

— Ce doit être la douce odeur de ta peau, répondit-il en riant. C'est justement ce qui m'a attiré irrésistiblement vers toi. Ou encore, c'est ton auréole qui les fascine. Bizarre, mais moi, je ne l'ai pas encore vue, ton auréole!

La semaine suivante, quelques jours avant la fête qui célébrerait son départ, il fit venir Léonce Ménard dans son bureau. Celui-ci affichait sa bonhommie habituelle, mais comme il semblait intimidé, Alex le mit tout de suite à l'aise :

— Je voulais vous remercier personnellement de tout ce que vous avez fait pour l'entreprise et particulièrement, durant la construction de nos nouveaux bureaux. Sans vous, je ne sais pas si nous aurions mené le projet à bien aussi rapidement et en respectant les budgets.

— Patron, c'est moi qui devrais vous remercier de m'avoir fait confiance. Je ne suis qu'un simple ouvrier.

— En tout cas, je dois vous dire que tout cela a marqué un nouveau départ pour INTERFORCE et pour les employés. Nous vous en sommes énormément redevables. Madame Mathilde m'a dit que vous avez pris la décision de nous quitter en raison de la santé de votre épouse.

— C'est bien vrai. Diane, ma patronne, a toujours eu des problèmes de pression d'aussi loin qu'on se connaît. Elle a toujours pris des pilules depuis l'âge de 18 ans et ça stabilisait sa pression. C'est sans doute pour ça qu'on n'a jamais pu avoir des enfants, notre plus grand chagrin. C'est ça qui est ça! Dernièrement, probablement à cause de l'âge – on aura tous les deux 65 ans l'année prochaine, sa pression a commencé à faire des siennes et ça lui cause des migraines. Le docteur a dit qu'il serait bon qu'elle change de décor. Nous avons tous les deux été élevés à la campagne et il nous a fortement suggéré d'y retourner. Semble-t-il que ça lui ferait le plus grand bien, et peut-être à moi aussi, d'être au grand air. Mon seul regret est de quitter l'entreprise; j'y ai tellement d'amis et de bons souvenirs.

J'ai commencé à chercher un chalet ou une petite maison de campagne selon mes modestes moyens. En passant, j'ai suivi votre conseil et j'ai acheté des actions d'INTERFORCE à moins de 2 $. Je suis bien content de les voir à 3 $ et Madame Mathilde m'a dit qu'elle croyait que ce n'était probablement pas encore fini.

— J'ai peut-être quelque chose pour vous, dit Alex en faisant glisser un trousseau de clefs vers Léonce qui ne comprenait pas bien. Madame Mathilde vous a peut-être déjà mentionné que je possède un domaine sylvicole à St-Lucien de Kinsey que j'ai hérité de mon grand-père. Malheureusement, je n'ai pas eu l'occasion de m'y rendre beaucoup récemment et je l'aurai probablement encore moins au cours des prochaines années. J'y ai fait construire pour plus tard une grande maison en bois de pin blanc coupé exclusivement sur le domaine. Dans le temps, mon grand-père avait fait construire un petit chalet, également en bois de pin, que je destinais aux invités ou à des parties de chasse. Évidemment, si je n'y vais pas moi-même, il n'y aura pas d'invités. Voilà, allez le voir avec votre femme et si ça vous intéresse, il est à vous aussi longtemps que vous voudrez l'habiter, tout à fait gratuitement.

— Voyons, patron, je ne peux pas accepter une proposition comme ça.

— Allez le voir et décidez avec votre patronne, comme vous dites. Je dois vous avouer que c'est vous qui me rendriez un précieux service. Je suis même prêt à vous payer pour être sur place. Je serais beaucoup plus rassuré de savoir que quelqu'un veille sur le domaine.

Alex venait de recevoir la lettre « In Vino » de septembre, accompagnée d'un petit mot de Jean Vinet qui lui souhaitait la meilleure des chances.

Dans sa lettre, Jean Vinet recommandait un petit vin de St-Chinian, le Passadieu 2007. Il était évident qu'il avait visité le vignoble tenu par une vigneronne et ses deux enfants. Selon lui, le vin était gorgé de fruits et valait facilement un Côtes du Rhône renommé de plus de 30 $ la bouteille. Or, le Passadieu se vendait seulement 18 $ à la SAQ et il obtenait une cote de 90 dans son système COTE 100. « In Vino » y consacrait plus de trois pages dans sa lettre mensuelle. On ne pouvait qu'être fasciné, autant par le langage de Jean Vinet que par ses connaissances. Alex nota le nom du vin sur un bout de papier et se promit d'essayer ce vin qu'il était possible de se procurer dans certaines succursales spécialisées de la SAQ.

La lettre trônait sur le bureau d'Alex quand Madame Mathilde entra dans son bureau.

— Voici, je viens de recevoir la lettre « In Vino » de septembre. Plus j'y pense, plus c'est Jean Vinet qu'il nous faut pour lancer le projet. Steve a rencontré deux spécialistes en vins de Montréal. L'un tient une chronique dans une revue spécialisée, l'autre est régulièrement appelé à la télé comme expert, mais les deux n'ont pas le verbe, ni la verve de Jean Vinet, et surtout, son système de cotation. Mais ce qui l'a surpris le plus, c'est qu'ils connaissent fort bien Jean Vinet, qu'ils tiennent d'ailleurs en haute estime, et figurez-vous qu'ils sont tous deux abonnés à « In Vino ». Plus je retourne le projet dans ma tête, plus je suis sûr que c'est l'homme qu'il nous faut. Je suis certain que s'il acceptait de se joindre à INTERFORCE, nous ferions un malheur.

— Laissez le temps couler, nous trouverons bien un moyen de le faire changer d'idée. Passez-moi la copie d' « In Vino ». Ça m'intéresse de voir le style et je sais que la lettre va intéresser mon mari. Entre-temps, gardez le contact. Tenez, lorsque vous aurez essayé le Passadieu, faites-lui savoir ce que vous en pensez.

Pour changer de sujet, imaginez-vous que j'ai reçu un appel d'une compagnie de Toronto qui voulait des références sur Claude Savard. La personne insistait pour vous parler. C'était pendant votre petit voyage. Je me suis identifiée comme étant votre assistante et j'ai répondu que Claude Savard était parti pour des raisons personnelles, probablement pour agir à titre de consultant.

— Vous avez bien fait et vous m'avez évité de mentir.

La petite fête pour souligner le départ de Léonce Ménard eut lieu sur l'heure du midi. Presque tous les employés et la direction étaient présents.

Léonce semblait très ému. Pour l'occasion, il avait revêtu un veston et une cravate pour la première fois depuis qu'on le connaissait. Il était encore plus ému lorsqu'il vint saluer Alex et Madame Mathilde.

— Avoir su plus tôt, dit Alex, c'est dans les bureaux qu'on vous aurait employé.

— Oh, c'est ma patronne qui m'a dit que c'était un grand jour et que je devais être habillé en conséquence.

— Vous ne cesserez jamais de me surprendre, Léonce.

— Oh patron, vous savez bien qu'on ne fait pas du verre taillé avec de la cruche!

Puis, prenant Alex par la manche, il l'amena à l'écart.

— Patron, j'ai été visiter votre pavillon de chasse et le domaine, comme vous l'appelez, avec ma patronne et elle est tombée en amour avec les lieux. C'est magnifique! Si votre proposition tient toujours, j'accepte votre offre, mais à une condition : je ne veux pas être payé. Ma Diane a déjà repris des couleurs juste à l'idée.

— Je suis bien content que vous acceptiez. Je sens que c'est moi qui serai votre débiteur.

Alex songeait que Léonce avait fait un travail d'une valeur inestimable pour INTERFORCE. Non seulement la bâtisse avait-elle été livrée à temps et en-deçà des budgets, mais Alex constatait qu'avec l'aide de Madame Mathilde et de Maria, il en avait profité pour réaménager l'aire de travail. Les couleurs avaient été rafraîchies, des salles de détente avaient été aménagées, l'air était plus sain et de nombreuses plantes feutraient l'atmosphère. À voir la mine des employés, le climat de travail avait changé du tout au tout. Sans doute Léonce mettrait-il aussi sa touche au domaine, ce qui n'était pas pour déplaire à Alex.

Chapitre 23

Les résultats préliminaires de septembre, correspondant au troisième trimestre, lui avaient été fournis par Reine Côté. Il allait réaliser un peu plus de 1,7 millions de dollars de profit. Pour l'année entière, il se dirigeait vers les 0,30 $ par action. INTERFORCE avait pris son erre d'aller et les résultats étaient facilement prévisibles. Pourtant, le titre faisait du surplace à 3 $ et régulièrement, il glissait légèrement sous les 3 $.

Alex était conscient que les marchés nord-américains avaient subi une forte correction en septembre, chutant de plus de 10 %. Lorsqu'il en avait fait part au Professeur Lafond, celui-ci l'avait rassuré en lui disant que le fait de rester aux alentours de 3 $ relevait déjà de l'exploit. En général, lors d'une correction des marchés marquée par une baisse de plus de 10 %, les titres de petite capitalisation, tel INTERFORCE, plongent encore plus bas. Par contre, ils ont tendance à faire mieux dans les marchés haussiers. Ils avaient convenu de réinstaurer le programme de rachat d'actions avec les autorités de la Bourse, mais cette fois-ci il visait seulement 5 % des actions. Il avait fixé la date de la prochaine réunion du conseil d'administration au 29 octobre.

Alex n'avait toujours pas mentionné au conseil le projet de vin au détail, mais il s'était bien promis de le lancer coûte que coûte après la prochaine réunion, avec Jean Vinet ou un autre.

Entre-temps, le rapport de recherche de la petite firme de courtage de Toronto, Mackenzie & Jones, était paru avec une forte recommandation d'achat spéculatif en raison de la petite taille d'INTERFORCE. On avait donné pour cible 4,50 $ d'ici un an, soit un gain de 50 %. L'analyste avait émis une prévision de profits de 0,25 $ pour l'année courante et de 0,30 $ pour l'année suivante. On soulignait la forte encaisse d'INTERFORCE et qu'une acquisition pourrait modifier les prévisions. Malgré l'excellent rapport de l'analyste, il eut peu d'effet sur le titre. Le marché restait sur les lignes de côté en attendant de voir si la correction allait se poursuivre ou se résorber.

Alex avait suivi le conseil de Madame Mathilde et téléphoné à Jean Vinet à deux reprises. La première fois, c'était pour le féliciter de sa recommandation de septembre au sujet du Passadieu, qu'il avait adopté depuis, et pour l'informer qu'il avait continué de travailler sur le projet, précisant qu'il avait rencontré deux spécialistes du vin, eux-mêmes des lecteurs assidus d' « In Vino ».

À son deuxième appel, Alex prétexta un rendez-vous avec un client de Québec pour solliciter une rencontre que Jean Vinet lui accorda. Deux jours plus tard, il sonnait à sa porte. Fidèle à ses habitudes, Jean Vinet lui proposa une promenade dans le parc Jeanne d'Arc. C'était une magnifique journée d'automne sans vent; les feuilles qui commençaient à rougir frémissaient à peine. Ils passèrent plus de deux heures à discuter. Sans détour, Alex lui dit que pour mener son projet à bien, il était l'homme qu'il lui fallait. Pour tenter de vaincre ses résistances, Alex l'assura qu'il pourrait continuer de travailler à partir de sa résidence de Québec. Ce qui l'intéressait : son expertise et son système COTE 100. Sachant que ce ne serait pas l'argent qui le motiverait, INTERFORCE était néanmoins prête à lui céder 400 000 actions pour l'acquisition de sa lettre et de son système. Au cours actuel, cela représentait une rondelette somme de 1,2 millions de dollars. Si le projet réussissait, ce dont il était personnellement sûr, cette somme avait le potentiel de doubler ou même de tripler. En outre, Alex était prêt à lui garantir un salaire annuel de 200 000 $, plus des primes de rendement; c'était plus que Jean Vinet ne touchait avec la lettre « In Vino ». Pour préparer la relève, il était également prêt à lui adjoindre un assistant de son choix et éventuellement une petite équipe qui, à partir de Québec, assurerait la pérennité d' « In Vino ».

Rien n'y fit. Jean Vinet resta inébranlable. Lorsqu'il revint de Québec, Alex avoua à Steve et à Madame Mathilde qu'il pensait avoir offert un pont d'or à Jean Vinet, mais que celui-ci ne semblait pas disposé à l'accepter.

— Laissons filer le temps, répéta Madame Mathilde, nous découvrirons bien une brèche quelque part.

— Peut-être, mais je veux faire entériner ce projet à l'occasion du prochain C.A.

Alex et Steve continuaient de travailler sur ce qu'ils appelaient leur plan B. Steve avait parlé récemment à Jean Genest, le professeur en environnement du Lac St-Jean. Une chose était ressortie de leur conversation : le projet devrait être reporté d'une ou plusieurs années.

Le projet « Vin » étant dorénavant seul en lice, on pouvait mettre toute la vapeur. INTERFORCE possédait déjà plus d'un millier de fournisseurs, la plateforme électronique et les ressources pour le mener à bien rapidement. Ils rencontrèrent une foule de spécialistes, mais tous le ramenaient invariablement à Jean Vinet. Alex n'avait plus le temps de rencontrer Julie pour leur match de tennis hebdomadaire; elle-même était entièrement accaparée par une cause de divorce qui faisait les manchettes. Ils se voyaient les weekends à l'occasion, mais uniquement à Montréal.

On était à moins d'une semaine du C.A. et Madame Mathilde insista fortement pour qu'Alex tente une dernière fois sa chance auprès de Jean Vinet. Deux jours plus tard, il partait pour Québec.

Il pleuvait cette journée-là et Jean Vinet ne lui proposa pas une promenade. Ils s'installèrent au salon où s'entassaient dans un désordre sympathique des piles de revues et de livres sur le vin.

— On peut dire que vous êtes persistant, mais votre assistante, Madame Mathilde, ne lâche pas facilement le morceau elle non plus.

Eh bien, vous allez sans doute être étonné, mais j'ai décidé d'accepter la proposition que vous m'avez faite lors de votre dernière visite.

Le sourire aux lèvres, Alex se leva précipitamment pour lui serrer la main, délivré d'un grand poids.

— En effet, vous me prenez un peu par surprise, mais qu'est-ce qui vous a subitement fait changer d'avis?

— Je vous ai dit tout à l'heure que vous étiez drôlement persistants, vous et votre Madame Mathilde. C'est une qualité que j'ai toujours admirée. Au bout du compte, c'est Madame Mathilde qui m'a convaincu. Elle m'a dit que vous lui aviez prêté une copie de ma lettre « In Vino » de septembre, celle dans laquelle je recommandais le Passadieu de St-Chinian, un excellent vin comme vous avez pu le constater.

Madame Mathilde a pris la liberté d'appeler Madame Gercault, la productrice de ce vin. J'ai visité sa propriété le printemps dernier et j'ai été littéralement renversé par la qualité de ce vin qu'elle et ses deux fils produisent avec une attention et un soin que j'ai rarement vus. La vie n'est pas facile pour les petits producteurs de vin face à la mondialisation. Les gros joueurs achètent pratiquement tout ce que le marché a à offrir et tassent les petits producteurs, même les meilleurs comme les Gercault. J'ai voulu leur rendre service et je les ai introduits auprès de la SAQ qui a accepté de prendre à l'essai une centaine de caisses de leur vin. J'ai récemment entendu dire que la SAQ allait répéter la commande. Mais de toute évidence, ce n'était pas assez.

Il semble que Madame Gercault a sympathisé avec votre assistante et qu'elle se soit confiée à elle. En pleine saison des vendanges, elle s'est retrouvée en difficulté et sa banque a refusé de lui avancer des fonds additionnels. Il lui restait plus de 70 000 bouteilles de l'excellente cuvée 2007 que j'ai fortement recommandée. Votre Madame Mathilde lui a demandé pour combien elle céderait le lot complet à INTERFORCE. Madame Gercault lui a répondu que normalement, elle vendait son vin 8 $ la bouteille sur le marché local, mais qu'elle avait accepté 6 $ de la SAQ. Elle serait heureuse de vendre toute sa production 2007 au même prix à INTERFORCE, ce qui la tirerait drôlement d'embarras. Madame Mathilde a répliqué qu'elle devait vérifier avec son patron et obtenir son approbation. Hier, Madame Mathilde m'a téléphoné pour me raconter l'affaire. Elle était persuadée que vous achèteriez tous les stocks 2007 si je me joignais à vous. C'était une proposition que je ne pouvais décemment pas refuser!

Alex se garda bien d'ajouter aucun commentaire. Une fois de plus, Madame Mathilde avait réussi à l'étonner.

Alex devait avoir dix ou onze ans; il ne se souvenait plus. Son grand-père aurait peut-être pu lui rappeler l'année, mais il n'était plus là. Cependant, il se souvenait que c'était l'année où celui-ci avait fait venir une pelle mécanique pour creuser le lit du ruisseau qui inondait le haut de la terre tous les printemps, et même souvent tard l'été, car au fil des ans il s'était rempli de ce sable gris omniprésent. Alex avait suivi avec fascination le travail de cette immense machine qui avançait inexorablement en extrayant le sable du lit, puis le déposait sur le côté pour créer un nouveau chemin. En moins d'un jour, le travail avait été terminé.

Il était allé trouver son grand-père pour lui dire qu'on devrait planter des petits pins blancs le long du nouveau chemin. Près du chalet, sur les flancs du button, il y en avait des centaines, rejetons des immenses pins qui trônaient là. Alex les appelait les bébés pins. Son grand-père lui avait montré comment les extraire du sol en quelques coups de pelle sans briser les racines. Un jeune garçon pouvait effectuer ce travail seul puisque le sol sablonneux était très meuble. Puis il lui avait montré comment replanter les jeunes arbres à tous les cinq pas, tout le long du nouveau chemin, en prenant soin d'inonder d'abord le trou et d'y saupoudrer de la poudre d'os.

Pour l'aider dans sa tâche, son grand-père avait fabriqué une petite remorque qu'il avait attachée à l'arrière de sa bicyclette et dans laquelle il pouvait déposer quatre petits arbres. Puis il avait insisté pour qu'Alex fasse le travail lui-même, prétextant qu'il était trop occupé à cette époque de l'année. On était alors à la fin du mois d'août et bientôt, ce serait la rentrée scolaire. Alex avait donc entrepris le travail avec détermination et pendant une semaine, sans relâche, on avait vu le petit bonhomme effectuer des allers-retours entre le chalet et le fronteau, plantant inlassablement ses bébés pins.

À la fin de la semaine, il avait été très fier de montrer les fruits de son travail : un chemin de sable bordé de pins miniatures bien alignés à tous les cinq pas. Son grand-père lui suggéra de revenir chaque année vérifier leur progression, enlever les mauvaises herbes et remplacer ceux qui n'auraient pas résisté.

Aujourd'hui, chaque fois qu'il longeait le ruisseau, il était accueilli par une majestueuse allée de pins blancs de plus de dix mètres ombrageant l'eau limpide qui s'écoulait doucement. Il se souvenait alors des paroles de son grand-père :

« C'est du travail bien fait et tu verras un jour que le travail bien fait se calcule en nombre d'années ».

Chapitre 24

Le 29 octobre, Alex et Steve accueillirent les membres du C.A. avec un franc sourire de satisfaction. Non seulement les résultats étaient au-delà des espérances avec un profit de 1 750 000 $, ou 0,08 $ par action, mais ils allaient dévoiler leur nouveau projet.

Manifestement, les membres du C.A. avaient passé un excellent été; tous arboraient une mine radieuse. L'été avait été particulièrement chaud au Québec, presque sans pluie. Le mauvais temps était passé au sud, dans la région de New York, épargnant le Québec. Pendant un moment, on avait même craint une sécheresse. Les barrages étaient à leur niveau le plus bas. Dans le Grand Nord, les incendies de forêt avaient fait les manchettes.

Alex remarqua qu'Hélène était encore plus bronzée que l'année précédente, alors qu'il avait commis son premier impair en se méprenant sur l'origine de son teint hâlé. Il fut surpris d'apprendre par le Professeur Lafond qu'elle revenait d'un séjour de trois semaines en Europe en compagnie de sa mère. Elles avaient passé les quatre premiers jours à Paris, logeant dans l'appartement que l'ami du Professeur lui prêtait régulièrement, puis elles s'étaient installées dans la région de Florence où elles avaient toujours de la parenté. Hélène avait le charme des Italiennes du nord, grandes, minces, racées et d'une beauté discrète. Alex se demanda à quoi ressemblait la mère d'Hélène; était-elle comme sa fille, mais plus épanouie par l'âge? Il balaya rapidement cette pensée de son esprit.

Ils passèrent sans tarder aux trois premiers points de l'ordre du jour, soit les résultats trimestriels, le programme de rachat et le projet « Environnement » qu'Alex avait décidé de mettre en veilleuse pour le moment. Il gardait cependant contact avec Jean Genest et ils étaient confiants de le réaliser éventuellement.

Puis Alex leur parla de son projet de vin au détail et de l'accord qu'il avait obtenu de Jean Vinet. Ce dernier leur cédait tous les droits de propriété de son système et de sa lettre « In Vino ». En contrepartie, il recevait 400 000 actions d'INTERFORCE et un contrat de travail à long terme. Après discussion avec Jean Vinet, il avait été convenu que l'abonnement à la lettre « In Vino » continuerait de coûter 95 $ pour les abonnés du Québec qui recevaient la lettre par la poste. Cependant, les abonnés Internet verraient le coût de leur abonnement réduit à 50 $. Grâce à une clef d'accès, ils obtiendraient un accès illimité au site « In Vino ». Ainsi, au lieu de recevoir une lettre mensuelle par la poste, ils recevraient instantanément par courriel toutes les nouvelles recommandations d' « In Vino » et en outre, ils pourraient consulter les anciennes. Les recommandations seraient initialement publiées en français et en anglais, mais d'ici six mois, elles seraient également traduites dans les langues les plus parlées dans le monde, soit le mandarin, l'allemand et l'espagnol.

Par la suite, INTERFORCE s'occuperait des commandes des clients. On avait prévu une marge de 2 $ par bouteille pour la compagnie et 1 $ pour les frais de livraison. Au début, on exigerait des commandes minimales d'une caisse. En bref, INTERFORCE deviendrait un nouveau joueur planétaire de l'industrie du vin. Quant aux vins recommandés par « In Vino », les abonnés pourraient les acheter directement du producteur à un coût substantiellement inférieur à nulle part ailleurs.

Alex et Steve comprirent vite que leur projet avait suscité le plus haut intérêt car les questions fusèrent immédiatement. Le Professeur Lafond partit le bal.

— Est-ce que vous avez parlé de votre projet à la SAQ et si oui, est-elle d'accord?

— Les gens de la SAQ ont été les premiers que j'ai contactés, répondit Steve. Après tout, ils nous paient 500 000 $ par année pour maintenir la plateforme. Ils connaissent déjà et respectent beaucoup Jean Vinet et sa lettre « In Vino ». Chaque fois que Jean Vinet recommande un vin qu'ils ont sur les tablettes, ils voient instantanément les ventes de ce vin bondir. Si le produit n'est pas disponible à la SAQ, par l'entremise de Jean Vinet les amateurs ont la possibilité de faire des importations privées sur lesquelles la SAQ impose ses taxes. La SAQ est à tout coup gagnante. En plus, Alex et moi avons décidé, après maintes discussions, d'appliquer le coût d'abonnement normal de 2500 $ US à tous les petits vignobles que nous allons représenter. La seule différence est que nous allons percevoir ce montant au gré des ventes futures, à raison de 1 $ la bouteille. Les petits producteurs vont accepter facilement ce mode de paiement à crédit et nous allons ajouter des centaines de nouveaux noms sur nos listes d'abonnés, ce qui ne déplaira certainement pas à la SAQ.

En dernier lieu, sachez que ce n'est pas le marché du Québec que nous visons, mais bien un marché mondial, qui s'adresse aussi bien à un Américain, qu'un Chinois ou un Allemand.

Paul Cadieux, le fiscaliste, entrevit le premier les problèmes de logistique auxquels s'exposait l'entreprise.

— Livrer une ou deux caisses de vin à un particulier quelque part dans le monde ne sera pas une sinécure. Comment allez-vous procéder?

— Nous avons décidé d'ouvrir des bureaux de représentation, répondit Alex. Le premier est sur le point d'entrer en opération à Albany. Deux autres suivront dans peu de temps en Europe et en Asie. Nous allons nous servir à la fois de ces bureaux et du siège social de Longueuil. Bien sûr, il y aura quelques difficultés à surmonter, mais nous nous adapterons au fur et à mesure. Nous allons prendre des ententes avec des transporteurs comme Fedex et Purolator, mais également avec les vignerons choisis afin qu'ils assurent eux-mêmes la livraison des caisses lorsque le client se trouve à proximité de leurs installations. Le problème est déjà identifié et il ne devrait pas nous arrêter.

Me Longtin intervint alors.

— Moi, ce qui me préoccupe le plus, c'est ce Jean Vinet. L'entreprise semble reposer entièrement sur un seul homme. Qu'arrivera-t-il s'il part, ou pire, s'il meurt?

— Nous avons établi un contrat qui rassure les deux parties. Jean Vinet réalise très bien qu'il n'est pas éternel, même s'il n'a que 60 ans. Il se spécialise depuis toujours dans les vins en provenance des vieux pays, comme la France, l'Italie, l'Espace et le Portugal, qu'il visite régulièrement. Par ailleurs, il est parfaitement conscient que plusieurs nouveaux pays font désormais partie du décor, comme les États-Unis, le Chili, l'Australie et même le Canada; ces pays produisent ce qu'on appelle les vins du Nouveau Monde. Pour le seconder, il a décidé d'embaucher un jeune homme qu'il connaît depuis plusieurs années et qu'il a pour ainsi dire formé. De notre côté, nous voulons constituer une petite équipe indépendante qui s'occupera exclusivement du vin. Pour ce faire, nous allons investir énormément en support technique, en traduction et en personnel spécialement formé pour répondre aux questions des consommateurs.

Puis ce fut au tour de Jacques Lacasse, l'entrepreneur, qui posa la question cruciale.

— Votre projet est bien beau, mais comment allez-vous le faire connaître?

— Nous avons un plan en plusieurs étapes, dit Steve. Le fait de couper de moitié le coût de l'abonnement devrait stimuler la clientèle. Nous débutons avec 2000 abonnés et nous allons attaquer tout d'abord le marché du Québec. Jean Vinet n'a jamais dépensé un sou en publicité et nous croyons qu'avec une campagne bien ciblée, nous pourrons facilement atteindre 5000 abonnés.

Puis, nous nous servirons des 11 000 clients actuels d'INTERFORCE répartis à travers le monde. Nous allons leur offrir un abonnement gratuit de six mois en comptant que beaucoup s'abonneront par la suite.

Enfin, pour attaquer le marché mondial, nous allons nous servir exclusivement d'Internet et de notre site transactionnel. Nous allouerons les budgets nécessaires pour atteindre 20 000 abonnés, ce qui serait notre point mort. Mais il faut bien garder en tête que par la suite, ces revenus seraient récurrents, année après année. C'est sans compter les revenus qui proviendront des ventes de bouteilles, ce qui est impossible à prévoir à ce moment-ci. Également impossible à prédire est l'effet du bouche à oreille qui pourrait prendre de l'ampleur avec le temps.

— Je connais bien les amateurs de vin, dit Jacques Lacasse. Comme moi, ils aiment bien recommander un bon petit vin qui sort de l'ordinaire à leurs parents et à leurs amis. Je crois que ça va marcher rondement, surtout si ce Jean Vinet est aussi exceptionnel que vous le dites.

— Eh bien, dit le Professeur Lafond, je crois que vous avez trouvé votre voie de croissance. Ça me fait penser au temps de Wiley, lorsque vous aviez modifié les bennes de camions de rebuts.

— Oui, mais j'espère que ça ne finira pas comme chez Wiley cette fois-ci, répondit Alex.

— Tu sais que je t'ai parlé souvent d'un ami qui me prêtait son appartement à Paris. En fait, il s'agit d'un étudiant français que j'ai eu il y a une quinzaine d'années au niveau de la maîtrise aux HEC. Il est l'arrière-petit-fils d'une famille immensément riche de France, les Saint-Julien. L'arrière-grand-père a débuté avec un petit vignoble en Bourgogne, auquel ont été rattachées d'immenses propriétés viticoles au fil des décennies. Après la guerre, son grand-père a investi énormément dans des propriétés immobilières à Paris et dans d'autres grandes villes, alors que les prix étaient au plus bas. Le petit-fils, Gilles Saint-Julien, est appelé à prendre la relève. C'est d'ailleurs la raison pour laquelle la famille l'avait envoyé à Montréal pour faire sa maîtrise en administration des affaires (MBA). Elle voulait qu'il se familiarise avec le marché nord-américain. C'est là que je l'ai connu. La maison Saint-Julien a été un des premiers abonnés d'INTERFORCE. J'aimerais te présenter Gilles Saint-Julien. Tu dois absolument lui expliquer ton projet. Il pourra t'être utile un jour.

Hélène, qui n'était pas encore intervenue dans la discussion mais qui voyait que le projet était bel et bien lancé, prit la parole :

— Il reste à rédiger le communiqué de presse annonçant l'achat d' « In Vino ». Comme il s'agit d'une information matérielle, elle doit être rapportée sur le fil de presse. Préférez-vous un bref communiqué ou un communiqué plus élaboré que je transmettrai à notre agence?

— Je crois que cette fois-ci, on devrait aller dans le détail, répondit Alex. Expliquer qui est Jean Vinet, depuis combien de temps la lettre « In Vino » existe, élaborer davantage sur le système de cotation. En bref, commenter sur l'importance de cette acquisition pour INTERFORCE et son avenir. Enfin, faire mention du nouveau site transactionnel. Je vais travailler avec vous à la préparation de ce communiqué.

— Si vous me permettez, j'aimerais vous faire une suggestion en terminant. Vous savez que ma mère est italienne. Elle raffole des petits restaurants italiens de Montréal. Elle dit qu'ils lui rappellent sa Toscane natale. Je l'accompagne au moins une fois par semaine dans ces restaurants. C'est devenu pour nous une tradition. J'ai remarqué qu'ils offrent toujours plusieurs vins d'importation privée, le plus souvent à des prix très abordables. Il doit y avoir des milliers de restaurants en Amérique qui aimeraient se démarquer en offrant à leurs clients des vins exclusifs et très bien cotés. Je suis sûre qu'il existe des listes de restaurants et qu'il est possible de les acheter. Ainsi, vous pourriez envoyer votre publicité directement à ces restaurants par la poste ou par Internet.

Alex et Steve se regardèrent en se demandant comment ils n'avaient pas pensé à cela.

Tel qu'Alex l'avait prévu, INTERFORCE publia un profit net de 0,30 $ par action pour l'année 2010 et pourtant, le titre continuait à faire du surplace. Les marchés avaient commencé à éteindre les inquiétudes mondiales découlant de la crise financière de 2008, mais les petits titres, tel celui d'INTERFORCE, n'attiraient pas encore l'attention des investisseurs qui demeuraient extrêmement frileux. Par ailleurs, la crise politique qui sévissait au Moyen-Orient n'était pas de nature à les rassurer.

Chez INTERFORCE, cependant, on n'avait pas le temps de se préoccuper de l'état des marchés. Alex était complètement accaparé par le développement d'« In Vino » et par l'ouverture des bureaux à l'étranger. Il voyageait de plus en plus, de sorte qu'il n'avait plus le temps de voir Julie Renault, ni de jouer au tennis. Comme il avait encore moins le temps de se rendre au domaine, il était bien content d'avoir Léonce sur place pour diriger la propriété. Celui-ci avait engagé un jeune homme de la place pour l'aider dans les différents travaux d'entretien. Il s'était en outre occupé de confier de nouveaux travaux majeurs, qui devaient être effectués sur les plantations d'Alex, à la Société sylvicole du Centre du Québec. Exécutés dans le cadre de programmes gouvernementaux, ces travaux ne coûtaient rien aux producteurs comme Alex chez qui on avait entrepris des travaux de drainage et de reboisement.

La suggestion d'Hélène d'aborder le marché des restaurateurs avait été capitale et comptait déjà pour la moitié des abonnés. Facteur fort intéressant pour INTERFORCE, leur niveau d'achat de bouteilles dépassait de loin celui des amateurs privés et surtout, ils renouvelaient sans cesse leurs commandes.

INTERFORCE engageait d'énormes frais de départ et pour 2011, elle annonça des profits de 0,36 $ par action. Le titre avait commencé à réagir et déjà, deux firmes de courtage préparaient des rapports de recherche. Le titre s'était cantonné aux alentours de 4,50 $, mais les trois rapports de recherche faisaient état d'objectifs de 6 $ à 7 $ d'ici un an. La petite firme de courtage Mackenzie & Jones, la première à couvrir INTERFORCE, était la plus optimiste avec un objectif de 7 $ et des profits de 0,53 $ pour 2012.

De fait, INTERFORCE venait d'atteindre les 20 000 abonnés, soit l'objectif présenté au C.A. au moment du lancement. Les investisseurs qui suivaient la progression d'INTERFORCE auraient pu croire que son histoire était à l'image d'un long fleuve tranquille. Il est vrai que les résultats s'amélioraient de trimestre en trimestre, mais à l'interne, c'était le branle-bas de guerre permanent : problèmes techniques en informatique, variation des taux de change, faillite d'un fournisseur, plaintes de transport, problèmes de personnel, etc. Chaque jour amenait sa peine et Alex commençait à trouver que les peines s'accumulaient et qu'elles étaient de plus en plus lourdes à porter. Il n'avait même plus le temps de prendre des vacances. Même si Madame Mathilde et Steve essayaient de le convaincre de relâcher un peu, il remettait toujours à plus tard.

Le moment crucial survint en 2012, à la troisième année de ce qu'Alex considérait comme son mandat. Alors qu'INTERFORCE prenait définitivement son élan, ayant récemment dépassé les 25 000 abonnés, que la lettre « In Vino » commençait à être de plus en plus connue et qu'on faisait l'éloge du système COTE 100, Madame Mathilde arriva un jour dans le bureau d'Alex, effondrée. INTERFORCE venait de recevoir une mise en demeure du magazine « Wine Enthusiast » la sommant de cesser immédiatement l'utilisation de son système de cotation pour qualifier les vins. Cette revue connaissait un succès mondial depuis une quinzaine d'années en cotant les vins sur une échelle de 0 à 100. Lorsqu'un vin obtenait une cote de 90, il était encensé par l'industrie. La revue ne voyait pas d'un bon œil l'arrivée de ce joueur étranger qui venait empiéter sur ses plates-bandes.

Alex réunit sans délai le conseil d'administration en appel conférence pour expliquer l'affaire. Me

Longtin leur dit qu'on n'avait pas le choix d'émettre un communiqué. Cette information était capitale pour les investisseurs et le titre risquait de s'effondrer à la divulgation de cette nouvelle. Tous étaient d'accord et Hélène s'apprêtait à rédiger le communiqué dans les termes les plus neutres possible, en précisant qu'INTERFORCE avait bien l'intention de se défendre vigoureusement.

Ils étaient tous atterrés, conscients de l'effet que cela pourrait avoir à long terme sur l'avenir d'INTERFORCE. Subitement, Alex se redressa.

— On n'a pas travaillé aussi fort depuis un an et demi pour ne pas tenter un dernier effort. Laissons-nous une journée de répit pour analyser la situation. Entre-temps, cette mise en demeure doit rester strictement entre nous. Si on remarque quelques mouvements anormaux à la Bourse, on demandera une suspension immédiate des transactions sur le titre.

Après avoir raccroché, Alex dit à Madame Mathilde :

— Je saute immédiatement dans un avion pour NewYork. Les bureaux de « Wine Enthusiast » sont dans Manhattan. Organisez-vous pour m'obtenir un rendez-vous avec le responsable du dossier ou mieux, le président. Je vous rappelle de New York pour les informations.

Madame Mathilde avait obtenu un rendez-vous avec le président de « Wine Enthusiast », un nommé John Jefferson, pour 14 heures. Il serait accompagné de son avocat.

Dès son arrivée, Alex expliqua qu'INTERFORCE était une société inscrite en Bourse et que par conséquent la mise en demeure devait faire l'objet d'un communiqué écrit. En accord avec le conseil d'administration, on avait décidé de s'accorder une journée de répit et c'est la raison pour laquelle il était si important que les deux présidents se rencontrent sans retard.

Or, la diffusion du communiqué qui devait être publié le lendemain pourrait occasionner des dommages immédiats sur le cours de l'action ainsi que sur les activités futures d'INTERFORCE, sans compter les dommages additionnels advenant toute interruption des activités. John Jefferson jeta un coup d'œil à son avocat qui hocha la tête affirmativement.

Alex l'informa que la lettre « In Vino » utilisait un système totalement différent, le rapport qualité-prix ayant une pondération importante sur la cote. De toute façon, des systèmes basés sur 100 avaient été utilisé de tout temps pour quantifier; on n'avait qu'à penser aux bulletins de la petite école. Mais finalement, et c'était le point le plus important, « In Vino » existait depuis 22 ans et tout avait été enregistré en bonne et due forme auprès des autorités canadiennes en 1990, donc bien avant les débuts de « Wine Enthusiast ».

Alex interrompit son exposé pour permettre à ses interlocuteurs d'absorber ce qu'il venait de dire.

— Je ne veux pas m'embarquer dans une guerre légale dont personne ne peut prévoir la durée, les coûts ou le vainqueur. Voici ce que j'ai à vous proposer. INTERFORCE est rendue au point où elle doit se faire connaître du grand public. Pour les trois prochaines années, nous sommes prêts à signer avec vous un contrat de publicité d'un million de dollars par année à vos tarifs courants. Vous oubliez la mise en demeure et vous mettez tout en œuvre pour faire connaître « In Vino » dans le cadre d'une campagne de publicité participative au cours de laquelle vous écrirez de nombreux articles sur « In Vino » et ses découvertes de vins abordables, et aussi en publicité directe.

Alex vit immédiatement dans les jeux de John Jefferson qu'il l'avait convaincu. Un contrat de publicité de cette envergure serait sans doute l'un des plus importants jamais signés à ce jour par « Wine Enthusiast ».

— J'ajouterais une seule condition : profitons de la présence de votre avocat pour conclure l'entente et signer le contrat dès cet après-midi.

Le lendemain, INTERFORCE émettait bel et bien un communiqué, mais il annonçait plutôt qu'elle avait mandaté « Wine Enthusiast » pour faire connaître « In Vino » dans le monde entier.

Les abonnements bondirent immédiatement de sorte qu'à la fin de 2012, on approchait les 50 000 abonnés. Les profits de 2012 se chiffrèrent à 0,53 $ l'action et le titre termina l'année à près de 7 $. Même la division « Pierres précieuses et diamants » contribuait désormais à la rentabilité d'INTERFORCE et Alex se félicitait de ne pas s'être fié à sa première impression.

Pour 2013, en comptant toujours sur le soutien de « Wine Enthusiast », Alex avait annoncé au C.A. que son objectif était le chiffre magique de 100 000 abonnés. Il ne l'atteignit pas, mais à la fin de 2013, le nombre des abonnés approcha les 95 000. Grâce à l'ouverture des bureaux de vente, les autres divisions progressaient sensiblement, de 5 % à 10 % par année. Dorénavant, pas moins de six rapports de recherche étaient consacrés à INTERFORCE. Leurs projections faisaient état de profits entre 0,70 $ et 0,75 $ par action pour l'année. Ils les surpassèrent avec 0,77 $ par action et le titre approcha les 10 $.

Alex aurait pu être le plus heureux des hommes, mais le travail sans relâche l'avait vanné. Il était resté en bons termes avec Julie, mais ils ne se fréquentaient plus depuis un an, si ce n'est à l'occasion d'un match de tennis ou d'une soirée de bienfaisance.

Une chose le réconfortait par contre; il restait seulement neuf mois à son engagement et il entendait y mettre un terme à ce moment-là. Aussi, il avait repris l'habitude de se rendre au domaine et de faire de longues promenades. Souvent, il se demandait pourquoi il faisait tout ça, surtout lorsqu'il parlait avec Léonce et sa patronne, Diane, qui menaient une vie simple et qui semblaient pourtant tellement heureux.

Alex allait de plus en plus souvent au domaine, surtout les fins de semaine. Il arrivait tard le vendredi et profitait du samedi et du dimanche pour faire de longues randonnées en compagnie de Léonce. Sa présence l'apaisait et il l'écoutait raconter les derniers événements du village sans jamais l'interrompre. Léonce était un fameux conteur avec une verve intarissable que seule pouvait arrêter la vue d'un lièvre ou d'une gélinotte au détour d'un sentier. En effet, ce dernier partait toujours avec sa carabine en bandoulière pour faire ce qu'il appelait sa petite chasse.

Depuis quelque temps, il se plaignait constamment de la présence des coyotes. Inconnus à St-Lucien de Kinsey il y a une dizaine d'années, l'abondance du petit gibier, de dindons sauvages et de lièvres les avait attirés et Léonce se plaignait qu'il trouvait souvent dans ses pièges des carcasses à demi mangées et évidées. Il avait bien essayé de chasser le coyote, mais c'était un animal nocturne, extrêmement méfiant, qui craignait la présence des humains. Ils s'étaient même attaqués aux cerfs de Virginie récemment et Léonce avait trouvé des ossements et des restes de cervidés à deux reprises.

On arrivait à la fin de l'année, mais la neige n'avait pas encore fait son apparition. C'était un soir de pleine lune, au froid sec et à l'air cristallin. En descendant de l'auto, Alex entendit subitement un concert de jappements et de hurlements qui semblait venir de très *près. Alex resta un moment surpris et même inquiet car les hurlements de la meute auraient pu provenir aussi bien d'une distance de 20 pas que d'un kilomètre. Puis Alex se rappela que les coyotes s'attaquaient rarement à l'homme. Ils étaient peut-être en train d'encercler un chevreuil ou c'était tout simplement la saison d'accouplement?*

Alex se redressa, mit ses mains en cornet et lâcha à répétition de longs jappements gutturaux. Aussitôt, ce fut le silence complet. Il resta de longues minutes à l'écoute, mais aucun nouveau hurlement ne se fit entendre. Il avait hâte de raconter la chose à Léonce le lendemain.

Troisième partie

Le fil d'arrivée

*« Mais au bout du compte,
on se rend compte »*

Starmania

Chapitre 25

On était au début de janvier 2014. Alex avait demandé au Professeur Lafond de le rencontrer à son restaurant préféré, le Bonaparte. Ils s'étaient rencontrés des dizaines de fois depuis qu'Alex avait accepté la présidence d'INTERFORCE presque cinq ans auparavant, mais curieusement jamais au Bonaparte depuis.

L'endroit n'avait pas changé d'un iota et Alex se disait qu'il en serait probablement de même dans vingt ans à moins que le patron ne meure. Même là, il était plus que probable qu'un ou deux garçons prendraient la relève. Le restaurant continuerait donc d'offrir sensiblement le même menu, le décor feutré resterait essentiellement le même et les clients, des habitués, afflueraient toujours nombreux, midi et soir, et on continuerait de les accueillir par leurs noms. Alex ne pouvait s'empêcher de penser : en serait-il de même chez INTERFORCE après son départ?

Le Professeur revenait de l'un de ses nombreux séjours à Paris où il avait occupé l'appartement prêté par la famille Saint-Julien. À l'occasion d'un voyage d'affaires, Alex l'avait habité pendant quelques jours l'année dernière et il comprenait pourquoi le Professeur aimait tant y séjourner. Lui-même n'avait pas eu le temps de vraiment en profiter. Ils commencèrent justement par parler de Paris.

— On dit que Paris est la ville lumière, dit le Professeur en riant. Si seulement tu savais à quel point elle m'allume. Toi, tu as l'habitude de prendre de longues marches dans ton domaine; moi, c'est à Paris que je marche le plus. C'est d'ailleurs en la parcourant à pied qu'on l'apprécie le plus et qu'on en apprend toujours davantage, au détour d'une rue, au pied d'un monument ou au hasard d'un cimetière.

Figure-toi que lors de ma visite précédente, je m'étais arrêté au Cimetière de Montparnasse. J'avais marché de longues heures et je prenais un repos bien mérité sur un banc de pierre lorsqu'une dame s'est approchée de moi, des fleurs à la main. Je commençais à me demander ce qu'elle me voulait quand elle a contourné le banc et déposé ses fleurs au pied du monument funéraire de Simone de Beauvoir et de Jean-Paul Sartre. Il n'y a qu'à Paris qu'on fait de telles rencontres avec l'histoire.

— Comment va la famille Saint-Julien?

— Oh, leurs affaires prospèrent! Gilles vient d'être nommé président à l'âge de 45 ans. La croissance va donc revenir à l'ordre du jour. Gilles veut concentrer les activités dans le vin; retourner aux racines ancestrales quoi! Ils ont commencé à disposer de leurs propriétés immobilières dans le but de constituer un trésor de guerre. Pour résumer, Gilles semble un successeur digne, rien ne va l'arrêter et il pourrait en surprendre plus d'un dans les années à venir. C'est une famille remarquable et Gilles Saint-Julien a été bien préparé à prendre la succession et à assurer la lignée.

Ils discutèrent de choses et d'autres, puis la conversation revint sur INTERFORCE. Alex informa le Professeur qu'ils avaient budgété des profits avoisinant 1 $ l'action pour l'année courante.

— Je me souviens que la première année, tu avais budgété des profits de 0,20 $ l'action pour justifier le cours du moment. Que de chemin parcouru depuis, non?

— C'est justement pour cette raison, Professeur, que je voulais vous voir en ce début d'année. Vous vous souviendrez peut-être que j'avais beaucoup insisté sur un mandat de cinq ans à mon arrivée chez INTERFORCE. La plupart des membres du conseil ont probablement cru que je voulais simplement obtenir un contrat blindé et assurer mes arrières après mon expérience chez Wiley.

— Pas moi. Je savais que ta demande était sérieuse et que tu voulais limiter ton engagement envers la compagnie. Mais maintenant que tu as atteint ton objectif, je pense que tu devrais t'engager pour un autre terme. As-tu pensé aux nouveaux sommets que pourrait atteindre la compagnie sous ta gouverne?

Tu viens de me dire que vous budgétez des profits de 1 $ par action pour 2014. As-tu seulement imaginé ce que deviendrait le titre si tu doublais les profits à

2 $ lors d'un prochain terme?

— Le titre atteindrait sûrement 20 $.

— Je ne veux pas te contredire, mais il dépasserait sûrement les 30 $ et pourrait même approcher les 40 $. Le marché finirait par reconnaître la croissance et lui attribuerait un cours/bénéfice d'au moins 15 fois, sinon plus, sans compter l'encaisse! Ce qu'on pouvait à peine imaginer au début est maintenant à la portée; il suffit de maintenir le cap.

— C'est justement pour cela que je voulais vous rencontrer. J'estime avoir rempli mon engagement. J'ai beaucoup réfléchi ces derniers temps et ma décision est prise. Je vais mettre fin à mon mandat en septembre prochain.

— Je respecte ta décision, mais que comptes-tu faire par la suite?

— Je n'y ai pas encore réfléchi. Pour l'instant, ma préoccupation première est de laisser INTER-FORCE aux mains d'un dirigeant dont la compétence et la réputation sont irréprochables. Je crois que Steve Murray est le candidat tout indiqué pour me succéder. Avec lui, l'avenir de la compagnie serait indiscutablement en bonnes mains.

Avant mon départ, plusieurs points devront cependant être réglés. J'aimerais en discuter avec vous avant la prochaine réunion du conseil. Tout d'abord, nous devrons nous mettre rapidement à la recherche d'un vice-président aux finances. J'ai différé cette décision plusieurs fois par le passé, mais avec mon départ, il est maintenant essentiel d'aller de l'avant. De plus, il va falloir rechercher un candidat à l'extérieur de la compagnie.

Deuxièmement, la division « Environnement » est sur le point de voir le jour après des années de préparation. Ce sera un nouvel axe de croissance pour INTER-FORCE. Je ne m'attends pas à une croissance égale à celle des dernières années, mais INTERFORCE pourrait néanmoins espérer une croissance de l'ordre de 5 à 10 %, ce qui ferait doubler sa taille, et même plus, au cours des dix prochaines années, à la condition bien entendu que tout aille bien.

Finalement, INTERFORCE est présentement assise sur une pile d'encaisse. Il est peut-être temps d'envisager un dividende.

— La petite dame présente à la première assemblée a fini par te convaincre? Tu as peut-être raison. On pourrait même envisager un dividende spécial de 2 $ dans les circonstances. Il n'en coûterait que 40 millions de dollars, ce qui laisserait amplement d'encaisse pour faire face aux besoins futurs.

— En temps normal, je n'envisagerais jamais un dividende. Wiley n'en a jamais versé, ni INTERFORCE d'ailleurs. J'ai toujours pensé que l'appréciation du capital était beaucoup plus intéressante pour les actionnaires. On n'a qu'à penser au titre qui est passé de 2 $ à 10 $, et je suis convaincu qu'il grimpera encore. De plus, les dividendes sont imposables ponctuellement, alors que le gain sur les actions n'est imposable qu'au moment de la vente.

— Tu as parfaitement raison. Si on verse un dividende spécial de 2 $, ce ne sera en fait qu'une distribution du capital aux actionnaires. Le cours actuel du titre est de 10 $. En respectant la logique, il devrait descendre instantanément à 8 $.

— De toute façon, la décision revient au conseil. Je ne voudrais pas qu'on me le reproche par la suite. J'ai payé mes actions 2 $. Si un dividende spécial était versé, techniquement, elles ne m'auraient rien coûté. Je serais bien mal placé pour recommander la chose. D'ailleurs, si elle était soumise au conseil, je devrais me retirer.

On était rendu au café et la discussion revint sur les Saint-Julien.

— Tu sais, dit le Professeur, que Gilles Saint-Julien a une femme merveilleuse et quatre grands enfants, trois garçons et une fille. L'an dernier, j'ai eu l'occasion de les rencontrer à leur résidence principale en banlieue de Paris. Cette famille respire le bonheur.

Mon plus grand regret, poursuivit le Professeur qui livrait rarement ses états d'âme, est de ne pas avoir eu de famille. J'approche les soixante-quinze ans, j'ai eu une carrière professorale bien remplie et une après-carrière professionnelle encore plus remplie. Mais durant toutes ces années, je n'ai jamais eu d'enfants et encore moins une femme à mes côtés.

Oh bien sûr, tu me diras que j'ai eu des centaines d'enfants, mes élèves, ou des filleuls, comme

Hélène que j'ai aidée, supportée et que je considère un peu comme ma fille. Je suis sûr que le jour de mes funérailles, plusieurs d'entre eux seront présents et rendront hommage à ma mémoire. Sans doute que plusieurs se rappelleront de moi pendant longtemps. Mais ce n'est pas comme d'avoir ses propres enfants, de voir son propre sang couler dans les veines des générations futures.

Alex se sentit quelque peu mal à l'aise, peu habitué à voir le Professeur s'épancher ainsi.

— Je vous comprends, dit-il. C'est un peu en réfléchissant à tout cela dernièrement que je suis arrivé à ma décision.

Le lendemain, Alex organisait une rencontre avec Steve, Madame Mathilde et Reine Côté.

— Je tenais à vous rencontrer pour vous faire part d'une décision importante. Au moment d'accepter le poste de président en 2009, j'avais informé le conseil d'administration que je ne voulais pas m'engager pour plus de cinq ans. Évidemment, j'aurais pu changer d'avis en cours de route, mais voilà, j'ai bien réfléchi ces derniers temps; j'ai décidé de respecter mon engagement et de quitter l'entreprise en septembre prochain au terme de mes cinq ans. J'en ai même informé officiellement le Professeur Lafond.

Sous l'effet de la surprise, ils se regardèrent, consternés. Seule Madame Mathilde ne semblait pas vraiment étonnée. Alex avait bien changé ces derniers temps. Aux yeux des gens, il semblait encore débordant d'enthousiasme et rempli de projets, mais en réalité il était comme une fusée qui, ayant épuisé son carburant, continue de monter. Elle avance sur l'erre d'aller. Depuis quelque temps, il avait commencé à se rendre de plus en plus souvent à son domaine. Certes, il en revenait reposé, mais aussi de plus en plus songeur, comme si un doute s'était insinué en lui et que revenir au travail lui était de plus en plus pénible.

Elle, qui le connaissait depuis longtemps, ne s'était pas laissée tromper. Alex allait avoir 45 ans, un âge où souvent on se remet en question, où l'on cherche des réponses. Il semblait bien seul pour trouver ses réponses.

— Voyons, ce n'est pas la fin du monde; il me reste encore neuf mois pour organiser la transition, dit Alex devant leur air dépité. INTERFORCE ne s'est jamais aussi bien portée. Il suffit de prendre les mesures nécessaires pour que cela continue. De la manière qu'INTERFORCE est partie, le ciel est sans limite.

En premier lieu, dit-il en dirigeant son regard vers Steve, je crois que vous serez tous d'accord pour dire que nous avons déjà parmi nous l'homme tout indiqué pour me succéder à la présidence.

— Pour être tout à fait sincère, je ne crois pas que le poste m'emballe vraiment!

— Nous verrons bien, mais pour le moment, la priorité est de trouver un vice-président aux finances qui possède de l'expérience avec les sociétés ouvertes.

Alex savait fort bien que Reine Côté ne voulait pas de ce poste et il décela même une lueur de soulagement dans ses yeux. Elle-même s'était toujours considérée comme un contrôleur ou une responsable de la comptabilité. Il reprit :

— Jusqu'à maintenant, j'ai pu cumuler les deux postes car heureusement, nous n'avions pas besoin de financement. Cependant, INTERFORCE attire de plus en plus l'attention et je consacre maintenant beaucoup de temps à répondre aux analystes. Nous devons nous mettre sans retard à la recherche d'un candidat qui saura appuyer le futur président.

Madame Côté, pourriez-vous nous donner les résultats préliminaires de l'année 2013?

Reine Côté n'avait pas changé depuis qu'on lui avait confié des responsabilités accrues. Elle portait toujours le même chignon gris, sans mèches rebelles, et affichait toujours le même air austère. Alex se félicitait de lui avoir fait confiance car depuis ce temps, les résultats, les budgets et les tableaux de bord de chaque division étaient des modèles de précision.

— Pour l'année 2013, nos revenus ont dépassé 45 millions de dollars et les profits nets, avant les régularisations de nos vérificateurs, devraient toucher les 16 millions, pour un profit par action de près de 0,80 $.

INTERFORCE avait reconduit les programmes de rachat année après année. Le nombre total des actions atteignait actuellement près de 20 millions.

— Pour l'année 2014, nous avons prévu des revenus supérieurs à 50 millions de dollars et les profits devraient atteindre 20 millions.

— Si tout va bien, dit Alex, nos profits devraient dépasser 1 $ par action. Je suis surpris de constater que le titre se trouve toujours aux environs de 10 $. Le cours/bénéfice égale seulement 10 fois les profits anticipés, ce qui, à mon avis, est nettement sous-évalué. En règle générale, on dit que le cours/bénéfice devrait se situer aux alentours du taux de croissance. Si on considère la croissance des quatre dernières années, force est de constater que nous sommes largement en dessous. Mais c'est souvent le cas de petites sociétés comme la nôtre. Notre taille est vraiment très petite par rapport à l'échelle de la Bourse. On n'attire pas beaucoup l'attention. Ce sera le rôle de notre prochain vice-président aux finances d'y remédier.

Il y a un autre élément que le marché boursier ignore complètement : notre encaisse qui, malgré tous nos rachats d'actions, se situait à 65 millions de dollars au 31 décembre, soit 3,25 $ par action. On dirait que tout cela est disparu dans la brume; ce fait est complètement ignoré des marchés boursiers. Jusqu'à ce jour, nous avons consacré tous nos efforts aux activités courantes. Maintenant, il est temps de faire connaître INTERFORCE.

Vous vous rappelez cette petite dame qui s'était levée lors de notre première assemblée publique en 2010, pour demander si on envisageait de verser un dividende? Eh bien, j'estime que le moment est peut-être venu de récompenser nos actionnaires.

J'en ai discuté avec le Professeur Lafond et nous envisageons la possibilité de verser un dividende spécial de 2 $ par action, qui sera suivi d'une politique de dividende régulière de 0,40 $ par action par année. Je compte soumettre une proposition en ce sens au prochain C.A. Il ne nous en coûterait que 8 millions par année, soit une distribution de 40 % des profits envisagés. Ce versement procurerait un rendement de 4 % et un fort soutien au titre. Le dividende serait en outre une excellente manière de récompenser nos actionnaires.

— Excellente idée, dit Madame Mathilde, sans compter que nos employés seraient aussi récompensés. Au dernier décompte, près de trois employés sur quatre étaient actionnaires. Ils sont déjà bien heureux de la montée du titre qui, en quatre ans, est passé de 2 $ à 10 $! Le dividende sera pour eux une récompense additionnelle.

— Madame Côté, je vous demanderais, à vous et à votre équipe, de préparer une étude sur le versement de dividendes.

— J'aimerais ajouter un autre élément, dit Steve. Vous savez qu'on travaille depuis longtemps sur une nouvelle plateforme, l'environnement. Devant le succès inespéré d' « In Vino », nous l'avions mise de côté jusqu'à aujourd'hui. En 2014, le nombre d'abonnés devrait dépasser 125 000. Pour faire face à la réussite d' « In Vino », nous avons dû déplacer beaucoup de ressources humaines vers cette division et même engager une cinquantaine de nouveaux employés. Mais au fil des ans, j'ai toujours gardé contact avec Jean Genest, le professeur en environnement de l'Université du Québec à Chicoutimi. Dès le début, notre idée l'avait enthousiasmé et il nous avait assuré qu'il continuerait de réfléchir à la meilleure manière de la concrétiser.

Eh bien, il a tenu parole. La solution qu'il a trouvée nous permettra de lancer officiellement la division « Environnement » cette année. Dès le départ, on s'était dit qu'il fallait trouver un porte-parole crédible du côté américain, non seulement pour lancer la division, mais aussi pour lui donner la crédibilité nécessaire. Jean Genest nous a appris que Christopher Mallory, un collègue de longue date qui possède à peu près les mêmes qualifications que lui et dont la renommée en environnement est égale à la sienne, dirige le département d'écologie de l'Université du Vermont. Il lui avait parlé de notre projet peu après notre première rencontre il y a plusieurs années et le monsieur s'était alors montré très intéressé.

Ensemble, ils ont confié un projet de recherche à leurs élèves qui y travaillent depuis un an. Les deux universités ont développé une grille de qualification qui procurerait une certification - or, argent ou bronze - aux entreprises et organismes qui y adhéreraient. Le coût de l'abonnement resterait à 2500 $ pour INTER-FORCE. Quant au coût de la qualification, il serait de 500 $, un montant que se partageraient les deux universités pour couvrir les coûts de la grille de qualification. INTERFORCE verserait également des royautés aux deux universités. En bref, au lieu d'un porte-parole individuel, notre sceau serait endossé par deux universités renommées en environnement.

Autour de la table, tout le monde était visiblement enthousiasmé. Ce projet, qui s'était heurté à tellement d'écueils depuis qu'il avait été mis de l'avant en 2010, pouvait enfin voir le jour, sans compter qu'il offrait une nouvelle voie de croissance pour INTERFORCE.

— Tu vois bien que j'ai raison de vouloir faire de toi notre prochain président, déclara Alex.

Chapitre 26

Alex n'avait pas eu de nouvelles de Claude Savard depuis son départ précipité en 2010, sauf lorsque Madame Mathilde avait reçu une demande de références, quelques mois plus tard, de la part d'une société de Toronto. Il ne s'en portait que mieux; tout souvenir relatif à l'épisode Claude Savard lui laissait un goût amer dans la bouche.

Alex avait développé une « stratégie d'adaptation » à laquelle il faisait appel chaque fois que quelque chose le contrariait ou qu'il broyait du noir. La pratique des sports lui avait appris que dans les moments de stress ou d'effort accru, quelques grandes respirations avaient le pouvoir de le détendre. Sans doute était-ce la pause que l'exercice lui imposait et l'apport additionnel en oxygène qui lui permettaient de relaxer et de réfléchir. Au fil des ans, il avait ajouté à sa stratégie une variante qu'il avait apprise un jour de son grand-père. « Lorsque ça va mal, remémore-toi quelques événements ou moments heureux, et souris tout simplement en te les remémorant. Tu verras, en plus de te décontracter, la vie t'apparaîtra sous un autre jour et tu pourras repartir de plus belle ». Ces paroles, Alex ne les avait jamais oubliées, mais il constatait qu'il « devait sourire » de plus en plus souvent ces derniers temps.

On était le 15 janvier. L'année 2014 s'annonçait sous des cieux plutôt cléments et aucune tempête d'importance ne se dessinait à l'horizon lorsque Madame Mathilde entra précipitamment dans le bureau d'Alex comme un brusque coup de tonnerre dans un ciel bleu.

— Imaginez-vous que je viens de recevoir un appel de notre fameux Claude Savard; il insiste pour vous rencontrer.

Depuis sa venue chez INTERFORCE, et il en avait été de même chez Wiley, tous les appels destinés à Alex étaient systématiquement canalisés vers Madame Mathilde qui lui servait en quelque sorte de rempart ou de filtre.

— Il dit qu'il a reçu un mandat d'une multinationale impliquée dans le vin et qu'il voudrait vous rencontrer pour vous faire une proposition intéressante.

— A-t-il été plus explicite au sujet de la compagnie et de la proposition?

— Non! Il a dit qu'il voulait la présenter en personne et il a ajouté que c'était de la première importance pour INTERFORCE.

Alex était réticent à rencontrer Claude Savard, mais peut-être représentait-il un client potentiel pour INTERFORCE, un client qui générerait des revenus supplémentaires. Les affaires étaient les affaires.

— Dites-lui que je suis prêt à le rencontrer, à la

condition que je sache tout de suite le nom de la compagnie qu'il représente. Je veux m'assurer qu'il ne me mène pas en bateau. Nous verrons bien ce que lui et sa compagnie ont à nous proposer.

Madame Mathilde revint quelques minutes plus tard. La compagnie que représentait Claude Savard portait le nom de Global Wine. Le rendez-vous avait été fixé pour le lendemain à 11 heures.

Alex connaissait Global Wine de nom, une société ouverte listée à New York qui avait débuté à peine dix ans auparavant avec l'achat d'un petit vignoble dans l'État de New York, un endroit peu réputé pour ses vignobles. Elle était dirigée par un certain John Marsh, un ancien courtier de New York, qui en était devenu le président. Dès le départ, Global Wine avait eu accès à des fonds apparemment illimités, en provenance principalement de deux sociétés de capital de risque qui avaient plus ou moins bonne réputation dans l'industrie. En peu de temps, Global Wine avait acheté un grand nombre de vignobles américains, surtout en Californie et en Oregon, puis elle avait déployé ses tentacules jusqu'en Australie, en Nouvelle-Zélande et en Amérique du Sud, particulièrement au Chili et en Argentine. L'année dernière, elle avait même fait l'acquisition d'un vignoble réputé dans la péninsule du Niagara, au Canada.

Au début, elle avait l'habitude de payer comptant, mais depuis quelques années, le titre avait monté substantiellement, si bien qu'elle offrait souvent ses actions comme monnaie d'échange. On pensait généralement que Global Wine était devenue le joueur numéro 1 au monde, mais c'était incertain car de nombreux grands joueurs étaient des sociétés privées dont on ne connaissait pas précisément la taille. Quoi qu'il en soit, devenir le numéro 1 était la priorité de John Marsh et il l'avait clairement indiqué dans son dernier rapport annuel.

Quelques clics sur Internet suffirent à Alex pour apprendre que le titre s'échangeait actuellement aux alentours de 30 $, ayant été émis à 5 $ en 2001. Sous l'effet des acquisitions et de la croissance continue, le titre se négociait maintenant à plus de 20 fois les profits prévus pour 2014. Plus de 15 maisons de courtage suivaient le titre et la moitié considérait l'entreprise comme un achat, notamment à cause de la forte croissance et d'un marché porteur à l'échelle mondiale. Cependant, trois maisons de courtage avaient émis une recommandation neutre de conserver et cinq, une recommandation de vente en raison de la forte dette de l'entreprise, établie à plus de deux fois l'avoir des actionnaires, et du marché de plus en plus concurrentiel à cause de stocks élevés à travers le monde. Le titre était très volatil et il fluctuait énormément en fonction des nouvelles. Mais indéniablement, Global Wine était devenue un success story à la Bourse de New York.

Quelques clics additionnels sur des sites autres que les sites financiers lui apprirent que John Marsh était un président flamboyant, une sorte de cowboy américain qui a réussi. Il venait de se faire bâtir un château donnant directement sur la mer, près de Delray Beach en Floride, qui avait coûté 15 millions de dollars et dont la construction avait pris plus de deux ans. Ce palace avait défrayé les manchettes dans le Delray Post, un journal local. En outre, dès le départ Global Wine avait fait l'acquisition d'un luxueux Learjet, un achat qui avait suscité bien des questions de la part des actionnaires, questions qui s'étaient par la suite atténuées au gré des acquisitions. Depuis, c'était le salaire de John Marsh - plus de 10 millions de dollars US en 2012 incluant les options et les primes - qui avait soulevé des questions chez les actionnaires, mais elles aussi avaient fini par s'estomper lorsque le titre était passé de 20 $ à 30 $ au cours de la dernière année à la faveur de trois nouvelles acquisitions.

La rencontre du lendemain avec Claude Savard fut brève, mais elle eut l'effet d'un électrochoc. Claude Savard n'avait pas beaucoup changé. Il était aussi bronzé que le jour de son retour de vacances, qui avait aussi été son dernier chez INTERFORCE. Il avait cependant pris quelques kilos et sa démarche s'était quelque peu alourdie. Mais il avait toujours son air rayonnant et un sourire avenant qui devait encore plaire aux femmes. Alex avait insisté pour que Madame Mathilde assiste à la rencontre et il avait demandé à Steve de rester à portée de voix au cas où sa présence s'avérerait nécessaire. À voir son air sûr de lui et sa mine réjouie, nul n'aurait pu penser que Claude Savard avait pour ainsi dire été congédié d'INTERFORCE; c'était plutôt Alex et Madame Mathilde qui restaient sur leurs réserves, voire sur la défensive.

Après avoir bavardé de choses et d'autres, s'être informé de quelques employés et les avoir félicités du succès d' « In Vino » qui approchait les 100 000 abonnés, Claude Savard entra dans le vif du sujet.

— Connaissez-vous Global Wine?

— Je la connais de réputation, répondit Alex, et après quelques clics sur Internet, j'ai appris presque tout ce que je voulais savoir.

— Voici, j'ai récemment obtenu un mandat de consultation de Global Wine. J'ai pour mission de rechercher au Canada des compagnies susceptibles d'intéresser la direction. J'ai examiné quelques dossiers de producteurs de la péninsule du Niagara et de la Colombie-Britannique, mais évidemment ma première pensée a été pour INTERFORCE. J'en ai parlé à notre président John Marsh qui a été fort impressionné d'apprendre qu' « In Vino » comptait déjà près de 95 000 abonnés. Il croit que le potentiel est énorme, surtout sous la gouverne de Global Wine. En bref, il m'a autorisé à vous rencontrer et à vous faire une offre formelle.

— Je m'excuse de vous interrompre, dit Alex, mais comme vous le savez sans doute, mon mandat à la tête d'INTERFORCE prend fin cette année et je n'entends pas le renouveler. Le candidat pressenti pour me remplacer est Steve Murray. Je crois qu'il serait bon qu'il assiste à notre rencontre.

Après que Steve se fut joint à eux, Claude Savard résuma la situation. Global Wine était extrêmement intéressée à la plateforme « Vin » et à la division « In Vino ». Pour deux actions d'INTERFORCE, elle était prête à offrir une action de Global Wine, ce qui représentait une somme de 15 $ au cours actuel, le dollar canadien et le dollar US étant à la parité depuis quelques années. De plus, il avait souligné avec insistance que le titre recelait un fort potentiel de croissance pour les années à venir.

— Je vous fais remarquer que c'est cinquante pour cent de prime par rapport au cours actuel. Évidemment, nous aimerions obtenir l'accord préalable de la direction et du conseil d'administration d'INTERFORCE. Nous avons préparé une offre formelle sujette à votre approbation.

Les trois se concertèrent un moment du regard, visiblement sous le choc. Enfin, Alex mit fin, en quelque sorte, à la rencontre.

— Je ne peux répondre pour les autres actionnaires, et encore moins pour le conseil d'administration, mais quant à moi, je ne suis nullement intéressé. Cependant, nous allons soumettre rapidement votre offre au conseil et les membres y répondront dans les plus brefs délais.

Après son départ, Alex dit à Steve :

— Nous devons organiser une rencontre du C.A. le plus tôt possible.

— Moi non plus, dit Steve, je ne suis pas intéressé par cette offre, même si je ne connais pas bien Global Wine. Le fait que Claude Savard est leur porte-parole ne me rassure pas trop.

— Surtout qu'il y a quelque chose qui m'intrigue beaucoup, renchérit Alex. Il a mentionné à deux reprises combien d'abonnés comptait « In Vino ». C'est une information qui n'a jamais été publiée. Il y a sûrement quelqu'un à l'interne qui le tient informé, de ça et d'autres choses. J'ai ma petite idée là-dessus, mais nous allons laisser ça mort pour le moment. Ça pourrait nous servir plus tard.

Chapitre 27

Le lendemain, à la première heure, tous les membres du C.A. étaient réunis pour une assemblée d'urgence. Claude Lafond et Alex avaient précédemment siégé sur le conseil d'administration d'entreprises qui avaient fait l'objet d'une OPA (offre publique d'achat). Dans le cas d'Alex, c'était chez Wiley. Quant au Professeur Lafond, il avait été membre du conseil d'administration d'une société de gestion de patrimoine qui avait été absorbée par une grande banque canadienne une dizaine d'années auparavant. Dans les deux cas, il s'agissait d'une OPA négociée qui s'était déroulée rondement. Et dans les deux cas, le C.A. avait accepté la proposition et l'avait fait entériner par une assemblée d'actionnaires favorables au projet. Dans le cas présent toutefois, l'OPA risquait fort d'être hostile et remplie de péripéties.

— La première des choses, dit le Professeur Lafond, consiste à établir un comité d'acquisition indépendant. Je dis bien indépendant et je crois qu'Alex ne devrait pas participer aux débats.

Celui-ci approuva de la tête. Il était à la fois le président d'INTERFORCE, mais aussi l'actionnaire le plus important. Il détenait 2,5 millions d'actions avec ses options, Steve en possédait toujours un million, les membres du conseil et les employés détenaient collectivement environ 1,5 million d'actions. Parmi les autres actionnaires importants, il y avait Michel Laforce, l'ex-président qu'on n'avait pas revu depuis son départ, avec ses 2 millions d'actions, le fonds dirigé par Guy Ouimet qui possédait un peu moins de 2 millions d'actions et Jean Vinet avec 400 000 actions. Le reste était dispersé dans le grand public.

— À mon avis, le comité indépendant devrait être constitué d'au moins trois membres. Y a-t-il des volontaires?

Me Eric Longtin les informa qu'il avait l'expérience de ce genre d'affaires et qu'il pourrait surtout aider du côté légal. Paul Cadieux, le fiscaliste, offrit également ses services, ayant assisté à quelques OPA chez d'anciens clients. Les propositions furent soumises et un comité indépendant fut officiellement constitué et mandaté.

— À ce moment-ci, je me dois de vous rappeler que le rôle du C.A. et du comité spécial est d'agir en tant que fiduciaire. Ce rôle implique qu'en tout temps nous devons respecter les intérêts de l'entreprise, de ses employés, de ses fournisseurs et, bien sûr, de tous ses actionnaires. Cette obligation devrait toujours être omniprésente dans notre esprit, bien sûr, mais encore plus lorsque l'entreprise fait l'objet d'une OPA. À partir de maintenant, toute information d'intérêt public doit être enregistrée et publiée ponctuellement. Enfin, je le répète, tout acte ou décision doivent être posés dans le plus grand respect de toutes les parties impliquées. Il doit toujours en être ainsi, mais c'est encore plus important aujourd'hui. Le marché a les yeux rivés sur nous!

La seconde étape sera de choisir une banque d'affaires qui nous aidera à déterminer la valeur réelle de l'entreprise et possiblement à trouver d'autres acquéreurs potentiels. Nous devrons également choisir une firme d'avocats qui nous conseillera tout au long des procédures.

Fort de mes expériences antérieures, je dois vous prévenir qu'il pourrait en coûter des centaines de milliers de dollars en frais à l'entreprise, peut-être même plus d'un million, dépendant de la complexité du cas.

Alex, qui n'était pas sans le savoir, opina de la tête et maudit en silence Claude Savard et Global Wine.

— On n'a pas le choix. Mais d'un autre côté, on connaîtra la véritable valeur de l'entreprise.

— Avant que le comité spécial se réunisse, j'aimerais qu'Alex nous résume la situation et ce qu'il connaît de Global Wine.

— L'année 2014 s'annonçait comme la meilleure année de notre histoire. Nous prévoyions des revenus supérieurs à 50 millions de dollars pour l'année en cours, le double de ce qu'ils étaient à mon arrivée en 2009. Les profits nets devraient approcher, ou même dépasser 1 $ par action. « In Vino » poursuit sur sa lancée et nous devrions atteindre les 125 000 abonnés. Mais par-dessus tout, la nouvelle division « Environnement » était sur le point d'être lancée. Malheureusement, dit-il en lançant un regard du côté de Steve, je crois bien que nous devrons mettre un holà là-dessus pour le moment. Notre encaisse dépasse 65 millions de dollars et nous avions envisagé de verser un dividende, ce que nous allions proposer au C.A. à l'occasion de la prochaine réunion qui devait se tenir avant l'assemblée annuelle prévue pour la fin d'avril.

Quant à Global Wine, il s'agit probablement du joueur numéro 1 au monde dans l'industrie du vin. Ses dirigeants ont consolidé leur position en procédant à une trentaine d'acquisitions sur dix ans. C'est le *success story* de l'industrie, avouons-le, même si leurs méthodes ont été décriées à maintes reprises.

Premièrement, ce que je n'aime pas de leur offre est qu'elle nous a été présentée par Claude Savard. Je me demande s'ils connaissent les raisons de son départ d'INTERFORCE. Je me demande même si ce n'est pas la raison pour laquelle John Marsh, le président de Global Wine, l'a engagé. Quoi qu'il en soit, je ne crois pas que l'offre soit intéressante pour nos actionnaires. Les dirigeants offrent une action de Global Wine pour deux actions d'INTERFORCE. Au cours actuel de Global Wine, cela représente 15 $ par action. Si on considère l'encaisse de 3,25 $ par action, la prime est très faible, d'autant plus qu'ils vont se financer à même cette encaisse; et c'est sans compter qu'ils vont certainement vendre les autres divisions d'INTERFORCE. La plateforme « Vin » et particulièrement la division « In Vino » sont ce qui les intéresse avant tout.

J'ai déjà dit à Claude Savard que leur offre ne m'intéressait pas personnellement, d'autant plus qu'elle prend la forme d'un échange d'actions. Global Wine est lourdement endettée et je ne vois pas pourquoi je m'embarquerais dans un tel bateau.

Enfin, le C.A. est au courant que je termine mon mandat cette année. J'ai déjà commencé à prévenir les employés et je ne changerai pas d'idée. Ma décision est prise et elle est irrévocable. Quant à INTERFORCE, nous avons véritablement le vent dans les voiles et le gouvernail solidement enfoncé. Ceci étant, il est évident que nous devenions une proie de plus en plus intéressante pour de nombreux joueurs importants. Le contrôle est dans la rue. Nous aurions pu prendre des mesures dans le passé pour empêcher toute offre non sollicitée, mais c'était contraire à mes principes et à ceux du conseil.

Quant à mes actions, je les vendrai un jour, pourvu qu'une offre satisfaisante soit présentée à tous les actionnaires. Je possède plus de 10 % des actions et je sais pertinemment que selon les lois canadiennes, je pourrais forcer la continuité d'INTERFORCE comme société publique. Je ne peux pas parler au nom des autres actionnaires majeurs, mais je sais que plusieurs me suivraient dans cette voie.

— Voilà qui est clair et net, dit le Professeur Lafond. Notre petit comité spécial va maintenant se réunir pour préparer une réponse officielle à Global Wine.

Après la réunion, les autres membres du C.A. continuèrent de discuter avec Steve et Alex dans le but d'obtenir un complément d'information sur Global Wine et les derniers événements. Alex vit Steve et Hélène Jolicoeur en grande discussion. Puis, profitant du fait qu'Alex saluait Jacques Lacasse, le dernier membre du C.A. à quitter la place, elle s'approcha de lui.

— J'ai été très surprise de l'annonce de ton départ. Je sais que tu avais soulevé cette question à ton arrivée, mais je croyais qu'avec le temps, et surtout avec les succès d'INTERFORCE, tu aurais changé d'idée.

— Non, mon idée était déjà faite et ce n'est pas Global Wine qui m'a influencé. Il est temps que je passe à autre chose.

— En tout cas, je sais que ce n'est pas la sortie que tu aurais souhaitée. Je suis au courant de tous les efforts que tu as investis et je suis sincèrement désolée pour toi. Sache que je suis de tout cœur avec vous, Steve et toi, et que je ferai tout pour vous aider.

— Eh bien, nous aurons certainement besoin de tes services en communication à compter d'aujourd'hui et peut-être aussi de tes conseils, dit Alex, en se forçant à sourire.

Le lendemain, 17 janvier, Claude Lafond, président du comité spécial, envoyait un courriel à John Marsh l'informant qu'il ne pouvait recommander l'offre de Global Wine aux actionnaires sous sa forme actuelle, qu'INTERFORCE avait retenu les services de la Banque de Toronto pour les conseiller et enfin, de communiquer avec le soussigné pour toute information additionnelle.

Chapitre 28

Le 22 janvier, Global Wine émettait un communiqué de presse annonçant qu'elle soumettait à INTERFORCE la proposition suivante : 1,1 action de Global Wine pour deux actions d'INTERFORCE. Au cours actuel de Global Wine, cela représentait 16,50 $ par action d'INTERFORCE. L'offre était conditionnelle au dépôt de 66 % des actions et prenait fin le 19 février.

Fidèle à sa réputation, et probablement à la suite de nombreuses discussions avec Claude Savard et ses conseillers, John Marsh avait voulu forcer la main en renchérissant quelque peu.

Global Wine n'avait eu aucune communication préalable avec le comité spécial et Claude Lafond. L'offre était donc considérée comme une OPA hostile, non sollicitée.

Dès le départ, l'offre suscita un certain brouhaha, somme toute assez normal dans les circonstances. Les journaux et les médias reprirent la nouvelle et tentèrent d'obtenir les commentaires de la direction. Les rapports de recherche, de part et d'autre, émirent de nouvelles opinions.

En fin de journée, INTERFORCE émit à son tour un communiqué à l'effet qu'elle avait pris connaissance de l'offre de Global Wine, qu'un comité spécial, sous la présidence de Claude Lafond, avait été constitué dès les premières tractations et qu'elle avait engagé la Banque de Toronto et la firme d'avocats Bélanger, Sévigny pour la conseiller.

Dans le cas d'une OPA, en règle générale le titre de la compagnie ciblée monte et celui de l'acquéreur descend. À la fermeture, INTERFORCE clôtura à 13,50 $, mais curieusement, Global Wine se maintint à 30 $. INTERFORCE était totalement méconnue, alors que Global Wine jouissait d'un statut de vedette.

Le 1er février, INTERFORCE émettait un communiqué annonçant que le comité spécial avait étudié la proposition de Global Wine et qu'il ne pouvait recommander à ses actionnaires de l'accepter. Il mentionnait également qu'on avait mandaté la Banque de Toronto pour rechercher des solutions de rechange valables et ce, dans le but de réaliser la pleine valeur d'INTERFORCE.

L'offre non sollicitée aurait quand même pu réussir car Global Wine sollicitait le vote de seulement deux tiers des actionnaires. Mais le titre de Global Wine commença à baisser sur des volumes inhabituels, ce qui attira immédiatement l'attention des day traders qui continuèrent à vendre de plus belle les actions de Global Wine. Celles-ci finirent par se retrouver à 24 $ en quelques jours à peine. L'OPA non sollicitée ne tenait plus et quelques jours plus tard, Global Wine annonçait qu'elle retirait son offre. Le titre d'INTERFORCE redescendit aux alentours de 12 $, le marché sachant dorénavant que l'entreprise était une proie éventuelle pour un gros joueur.

Le cours des affaires reprenait lentement chez INTERFORCE, du moins pour la haute direction. On se préparait à l'assemblée annuelle prévue pour le 22 avril et les vérificateurs de la firme achevaient de dresser les états financiers de 2013. Les employés n'avaient pas été trop affectés par les événements et à 12 $, le cours de l'action était plutôt de nature à les rassurer. Ils ne comprenaient pas que leurs postes auraient pu être en jeu si l'OPA avait réussi et personne n'avait voulu les inquiéter.

Après la tentative avortée, Claude Lafond avait pris sur lui de téléphoner à John Marsh pour lui dire qu'il n'y avait rien de personnel dans leur décision de ne pas recommander l'offre, mais qu'il aurait dû s'adresser directement à la haute direction et au conseil en premier plutôt que de passer par un intermédiaire. On lui aurait alors fait savoir qu'un échange d'actions n'était pas souhaitable pour INTERFORCE et qu'il avait peu de chances d'être recommandé. La conversation s'était conclue amicalement, sans plus.

Mais le Professeur Lafond, en vieux routier, savait fort bien qu'INTERFORCE était devenue une proie et que dorénavant, le marché ne pouvait plus l'ignorer.

Chapitre 29

On était au début de mars. Alex se préparait pour la prochaine assemblée annuelle des actionnaires ainsi qu'au lancement de la division « Environnement ».

Au début de janvier, il avait demandé une étude de caisse concernant le versement d'un dividende spécial et d'un dividende régulier. À la suite de l'offre de Global Wine, l'étude avait été mise sur les tablettes, mais maintenant il était sage de remettre le plan à l'ordre du jour. Il fit venir Reine Côté et lui demanda de procéder à la mise à jour de l'étude, y compris le lancement de la division « Environnement » et le programme de rachat d'actions. Il voulait conserver une encaisse raisonnable pour faire face aux besoins futurs, mais détenir 65 millions de dollars comme c'était le cas actuellement était tout à fait inapproprié et, comme il l'avait vu avec Global Wine, ne pouvait qu'attirer l'attention d'un prédateur.

Quelques jours plus tard, Madame Mathilde recevait un appel téléphonique de Claude Savard qui sollicitait une nouvelle rencontre avec son patron. Alex se dit intérieurement : « Que me veut-il encore ce prophète de malheur? » Le lendemain, Claude Savard se présentait à son bureau, arborant toujours sa mine de conquérant.

— À la suite de la conversation qu'il a eue avec Claude Lafond, le président du C.A., mon patron, John Marsh, a compris qu'un échange d'actions ne fonctionnerait jamais. Claude Lafond lui a également suggéré de s'entendre au préalable avec la haute direction et le conseil. Voici, tu es le principal actionnaire et il m'a demandé de te rencontrer à nouveau. Global Wine a conclu un accord de financement et nous sommes prêts à offrir 16 $ par action, comptant. Cette fois, nous aimerions obtenir l'accord préalable des principaux actionnaires.

— À mon avis, cette offre est plus intéressante et surtout, plus sûre que la première, mais je dois néanmoins y réfléchir. Pour ma part, le sort des employés et l'avenir d'INTERFORCE sont ce qui m'importe le plus. Si le but de cette transaction était de démanteler l'entreprise par la suite, je ne serais définitivement pas intéressé. Arrivez-moi avec des assurances et je prendrai sérieusement votre offre en considération.

— Je vais transmettre ta demande à mon président, John Marsh.

Après une brève poignée de main, Claude Savard repartit, quelque peu dépité.

Alex fit venir immédiatement Steve Murray dans son bureau pour lui relayer ce qu'il venait d'entendre.

— Nos problèmes ne sont pas terminés. Apparemment, ils ont réuni le financement pour lancer l'OPA sur INTERFORCE. Il semble qu'il n'y a pas de limite à l'endettement.

— En effet, mais ça ne leur coûte pas trop cher, si on considère l'encaisse de 65 millions et le fait qu'ils peuvent brader plusieurs plateformes pour des dizaines de millions. Il leur restera toujours « Vin » et « In Vino » qui réalisent la moitié de nos profits.

— Je me demande si c'est le fait qu'on envisageait de verser un dividende spécial aux actionnaires qui a de nouveau accéléré le mouvement et qui nous a valu la visite de Claude Savard avec la nouvelle offre de Global Wine?

Le 15 mars, Global Wine émettait un nouveau communiqué de presse annonçant qu'elle offrait 16 $ par action pour l'achat de toutes les actions d'INTERFORCE et qu'elle avait réuni le financement nécessaire. Elle soulignait également qu'elle avait obtenu l'accord de deux actionnaires importants qui représentaient 20 % des actions en circulation. Cependant, il s'agissait encore une fois d'une offre non sollicitée, ou hostile, et Global Wine ne s'était pas assurée le soutien préalable du conseil d'administration et d'Alex à titre d'actionnaire principal.

Le bal était reparti. Le Professeur appela immédiatement Alex.

— Cette fois-ci, c'est plus sérieux! Pour ton information, je viens de recevoir un appel de Michel Laforce qui se trouve actuellement en Asie. Il est l'un des deux actionnaires qui ont soumis leurs actions. Je soupçonne que l'autre est le fonds de Guy Ouimet. Michel m'a dit qu'il ne pouvait pas refuser cette offre, d'autant plus qu'elle ne l'empêche pas d'accepter éventuellement une offre supérieure. Mais c'est surtout le fait qu'il est le président-fondateur d'INTERFORCE qui donne de la crédibilité à son appui. Dans son étude, le comité spécial fera bien de prendre cet appui en compte.

— L'offre est meilleure que la précédente, mais elle me semble toujours insuffisante. J'ai bien réfléchi à la situation et je pense que c'est « In Vino » que Global Wine veut obtenir coûte que coûte.

Lorsque nous avons signé notre entente avec Wine Enthusiast concernant le système COTE 100 de Jean Vinet, nous avons aussi signé notre arrêt de mort. Si elle réussissait son OPA, rien n'empêcherait Global Wine de l'utiliser à outrance pour favoriser les vins de son portefeuille. Connaissant les dirigeants, ils vont certainement l'utiliser sans retenue pour pousser la vente de leurs vins. Une fois que nous aurons été achetés, Wine Enthusiast ne pourra pas s'y opposer car Global Wine possèdera alors tous nos droits.

À la fin de la journée, le titre d'INTERFORCE clôtura à 15,75 $, en hausse de 30 %. Pendant ce temps, Global Wine était stable à 25 $.

Après la fermeture de la Bourse, INTERFORCE émit un communiqué annonçant que le comité spécial avait pris connaissance de l'offre non sollicitée et qu'elle ne croyait pas qu'elle représentait la juste valeur de l'entreprise. En outre, elle réitérait qu'elle avait mandaté la Banque de Toronto pour étudier toutes les solutions possibles qui permettraient de réaliser pleinement cette valeur.

Pendant ce temps, le comité spécial avait commencé à examiner plusieurs scénarios pour empêcher l'OPA hostile, dont le versement d'un dividende spécial ou le rachat d'actions à un prix supérieur à 16 $, mais elle comptait surtout sur la banque d'affaires pour trouver de nouveaux prétendants.

Chapitre 30

Avril commençait. Dans quelques semaines, le 22 avril plus précisément, devait avoir lieu l'assemblée annuelle, mais dans les circonstances, elle serait sûrement reportée ou commutée en assemblée spéciale des actionnaires pour voter sur l'offre de Global Wine. Puis les rumeurs commencèrent à circuler à l'effet qu'une offre supérieure était sur le point d'être déposée. On ne savait pas si ces rumeurs étaient responsables de la montée du titre d'INTERFORCE jusqu'à 16,50 $, ou si c'était la montée qui avait déclenché les rumeurs. C'est d'ailleurs souvent le cas à la Bourse; on ignore ce qui vient en premier, l'œuf ou la poule.

Le fait qu'Alex revenait d'un court séjour en Europe au cours duquel il avait rencontré des relations d'affaires n'était pas passé inaperçu, du moins chez les employés; voilà qui aurait certainement pu alimenter les rumeurs.

À son retour de voyage, Alex avait réuni immédiatement la petite équipe composée de Reine Côté, André Routhier et un jeune diplômé des HEC embauché un an auparavant. Pour la première fois depuis longtemps, Alex semblait détendu, comme si son récent voyage l'avait ragaillardi.

— Vous savez que nous sommes en pleine tourmente présentement. Aussi, je vous demanderais de vous montrer extrêmement discret sur ce que j'ai à vous dire ce matin.

Je vous avais demandé de préparer une étude sur les implications du versement d'un dividende spécial et de dividendes réguliers. J'ai ici en main le rapport de Madame Côté. Comme d'habitude, c'est du beau travail. Toutefois, les choses se précisent un peu plus quant à l'avenir d'INTERFORCE, surtout depuis mon récent séjour en Europe. Tout d'abord, je vous informe que le versement d'un dividende a été mis de côté. Toutefois, la division « Environnement » devrait être lancée comme prévu.

Je vous prierais donc de refaire les budgets en tenant compte de ce que je viens de vous révéler. Nous en aurons besoin pour préparer la prochaine réunion du C.A. qui précédera l'assemblée annuelle du 22 avril, à moins d'avis contraire. Encore une fois, je vous demanderais d'être très discrets, surtout dans les circonstances actuelles.

Tel qu'il l'avait prévu, Alex recevait quelques jours plus tard un appel de John Marsh, le président de Global Wine, appel que celui-ci aurait dû faire dès le début.

Leur conversation fut brève et plutôt froide. Alex n'y alla pas par quatre chemins. Il confirma que durant les négociations, la présence de Claude Savard en tant qu'intermédiaire n'avait pas aidé la situation. Peu importe, après mûre réflexion, sa décision était déjà prise. Il quitterait INTERFORCE le plus tôt possible et soumettrait ses actions sans autres conditions. Le chiffre magique était 20 $.

Le premier qui offrirait cette somme obtiendrait son accord et vraisemblablement celui du C.A. Si John Marsh était intéressé, il n'avait qu'à communiquer avec Claude Lafond, le président du comité spécial. Lui-même ferait en sorte que l'offre soit acceptable pour tous.

Quelques jours plus tard, INTERFORCE émettait un communiqué à l'effet que le comité spécial avait reçu une offre finale de 20 $ de Global Wine, qu'elle recommandait aux actionnaires de l'accepter et que leur conseiller, la Banque de Toronto, appuyait la recommandation.

Le fil d'arrivée venait d'être franchi!

Épilogue

Mi-août, les vacances battaient leur plein. Le temps était parfait. Il faisait soleil le jour, et la nuit, une pluie bienfaisante et chaude humidifiait la terre, favorisant la nature. À n'en pas douter, les récoltes seraient exceptionnelles cette année.

Le jour précédent, le Professeur avait annoncé sa visite au domaine de St-Lucien de Kingsey, comme il le faisait à chaque année. C'était pour lui l'occasion de prendre une longue marche avec Alex et, comme il disait, de retrouver les senteurs de son enfance.

Alex était disparu de la scène le 15 mai, jour où l'achat d'INTERFORCE par Global Wine avait été entériné. Tous les actionnaires, en particulier les employés, avaient reçu le paiement de leurs actions quelques jours plus tard. Dans le milieu, on disait qu'Alex avait mal accepté la transaction, qu'elle lui était restée en travers de la gorge et enfin, qu'il s'était retiré sur ses terres. Mais qui donc aurait pu être insatisfait d'une telle offre!

À son arrivée au milieu de la matinée, le Professeur s'empressa d'aller saluer Léonce et de lui serrer vigoureusement la main en le félicitant de sa bonne forme évidente. En effet, Léonce était bronzé et offrait un vibrant contraste avec le Professeur et son teint blême des grandes villes.

— Ce n'est rien, dit Léonce, vous devriez voir ma femme. Tous ses ennuis de santé sont disparus en moins d'un an. Quant à moi, je n'arrête pas. Comme on dit, je me reposerai quand je serai dans ma tombe. C'est ça qui est ça!

Alex et le Professeur prirent ensuite le chemin des bois. Un goûter les attendait à la maison au retour de leur promenade, vers midi. Bien des choses avaient changé au domaine. De nouveaux chemins avaient été tracés, des fossés d'irrigation avaient été creusés et plusieurs nouvelles plantations de conifères, d'érables et de chênes rouges avaient été effectuées le printemps dernier. Le domaine commençait à ressembler à un véritable jardin d'arbres.

Malgré son âge, le Professeur avançait d'un pas alerte, mais il s'arrêtait régulièrement pour humer les diverses odeurs. Ici, une talle de sapins baumiers, là des champignons et du lichen, plus loin l'odeur des feuilles en décomposition.

Lentement, la conversation dévia sur INTER-FORCE et les événements du printemps précédent.

— Tu es au courant que peu après ton départ, John Marsh a promu son fidèle Claude Savard au poste de vice-président aux finances?

— Oui, j'étais au courant. Je me tiens informé grâce à Steve Murray qui a décidé de garder son poste pour le moment, ainsi que Madame Mathilde à qui j'ai demandé de rester pour une période additionnelle de six mois, après quoi elle pourra prendre une retraite bien méritée. Mais comme je l'avais prévu, la division « Environnement » a été remise sur les tablettes et il est certain que les autres plateformes vont éventuellement être mises en vente.

Toutefois, ce qui m'inquiétait le plus était le sort des employés. Évidemment, la seule chose qui intéressait vraiment Global Wine était le vin et « In Vino ».

— As-tu vu la plongée du titre de Global Wine depuis l'acquisition? Une chance que nous n'avons jamais envisagé l'échange d'actions. As-tu pensé qu'au cours actuel de 15 $, nous aurions rendu un très mauvais service aux actionnaires?

— Depuis le début, je n'aimais pas la dette de Global Wine. Avec l'achat d'INTERFORCE à n'importe quel prix, ils se sont enfoncés davantage et le marché a commencé à s'inquiéter. De plus, en effectuant ma petite recherche initiale sur Global Wine, je m'étais entretenu avec un analyste de New York qui était particulièrement négatif au sujet de Global Wine. Il connaissait le président John Marsh de longue date et le considérait comme un véritable cowboy. Il avait attiré mon attention sur les comptes à recevoir qui augmentaient allègrement et sur les fonds autogénérés qui ne suivaient pas les profits. Autrement dit, Global Wine s'adonnait à une gymnastique comptable particulièrement créative. Elle reconnaissait les revenus immédiatement, pratiquement dès les vendanges. Ce n'était qu'une question de temps avant que la réalité ne la rattrape.

— Te connaissant, dit le Professeur, malgré l'offre à 20 $ qui a réjoui tous les actionnaires, surtout les employés, tu dois être bien dépité sachant le sort qui est réservé à INTERFORCE.

Sans répondre directement à la question, Alex se contenta de hausser légèrement les épaules.

Ils étaient sur le chemin du retour quand Alex s'arrêta brusquement.

— Je dois vous avouer deux choses dont personne n'est au courant, ni Madame Mathilde, ni Steve, ni qui que ce soit à l'exception d'Hélène à qui j'avais demandé conseil lors de la première offre de Global Wine parce que j'avais confiance en elle, en son jugement et surtout, parce qu'elle n'avait rien à voir avec l'entreprise en dehors de son poste sur le C.A.

Dès le départ, j'ai su que Claude Savard avait un informateur au sein d'INTERFORCE. À preuve, il connaissait le nombre exact des abonnés d' « In Vino ». Seul quelqu'un de l'intérieur, proche des chiffres, pouvait lui avoir fourni cette information. J'ai fini par conclure qu'il s'agissait d'André Routhier, son ancien collègue. J'ai décidé de le laisser tranquille, quitte à me servir de lui plus tard pour passer des messages.

Depuis que vous m'avez présenté Gilles Saint-Julien, je l'ai rencontré à plusieurs reprises. Je pressentais que la famille Saint-Julien pouvait être notre chevalier blanc, qu'elle pourrait facilement acquérir

INTERFORCE. Elle avait autant d'intérêt à acquérir INTERFORCE que Global Wine en avait, mais elle ne l'aurait jamais fait sans nous en parler et sans avoir obtenu notre accord.

C'est de tout cela que je suis allé discuter avec la famille Saint-Julien et la haute direction durant mon court voyage à Paris en avril. J'avais demandé à Hélène de m'accompagner pour me seconder. Elle connaissait déjà Gilles Saint-Julien qui savait qu'elle faisait partie de notre C.A. Après deux jours d'intenses discussions, la famille Saint-Julien était fortement intéressée à entrer dans la course.

Puis Hélène a eu une idée de génie. Plutôt que d'acquérir simplement INTERFORCE, pourquoi la famille Saint-Julien ne ferait-elle pas plutôt l'acquisition de Global Wine au moment propice? Pourquoi un gros poisson n'avalerait-il pas un autre gros poisson pendant qu'il est occupé à en bouffer un plus petit? Évidemment, pour la famille Saint-Julien, Global Wine était aussi extrêmement intéressante, entre autres pour son portefeuille mondial de vignobles réputés et son réseau de distribution, en particulier aux États-Unis.

À mon retour de voyage, j'ai laissé discrètement entendre qu'INTERFORCE pourrait bien recevoir une offre supérieure étant donné que la division « Environnement » serait officiellement lancée et que le versement d'un dividende était désormais abandonné. Je savais que cette nouvelle serait rapidement relayée à John Marsh.

Lorsqu'il m'a finalement téléphoné et que je lui ai affirmé en insistant que le premier qui offrait 20 $ emporterait la mise, je savais qu'il tirerait rapidement sur la gâchette. Son informateur savait sûrement que j'avais rencontré la famille Saint-Julien à Paris et John Marsh a sûrement conclu que celle-ci pourrait être notre chevalier blanc.

Eh bien, le moment est venu. Le gros poisson s'apprête à avaler le poisson occupé à digérer. Demain, à l'ouverture des marchés à New York, le groupe Saint-Julien déposera une offre irrévocable de 18 $ pour toutes les actions de Global Wine. De plus, le groupe s'est assuré le soutien des deux sociétés de capital de risque qui sont les principaux actionnaires de Global Wine. La transaction est irréversible et INTERFORCE continuera d'exister en tant que division Internet du groupe Saint-Julien. Ainsi, tout le monde y gagne, en particulier les employés.

— Tel est pris qui croyait prendre! dit le Professeur.

Ils étaient arrivés devant la magnifique résidence campagnarde d'Alex.

— Vraiment, tu m'étonneras toujours! dit le Professeur, visiblement surpris. Mais j'y pense, tantôt tu m'as dit que tu avais deux choses à m'annoncer. Quelle est la deuxième?

Tournant la tête vers la maison, Alex cria :

— Hélène, viens saluer un vieil ami.

Hélène fit son apparition, plus rayonnante que jamais. Elle avait pris un peu de poids, ce qui lui allait très bien, et ses pommettes étaient lustrées, sans doute une conséquence du temps splendide. Sans cérémonie, elle tomba dans les bras du Professeur qu'elle n'avait plus revu depuis la vente d'INTERFORCE.

— Je sais que vous avez toujours considéré Hélène un peu comme votre fille et vous m'avez toujours témoigné l'affection d'un père.

Eh bien, Hélène et moi, nous avons une bonne nouvelle à vous annoncer :

Vous allez bientôt être grand-père!

Remerciements

Avant tout, permettez-moi de rendre hommage à quatre femmes qui ont marqué ma vie et ma carrière, en premier lieu ma mère Pierrette et mon épouse Marina qui m'ont toujours poussé à aller plus loin, puis mes fidèles assistantes, Huguette Jenkevice et Danielle Cyr, qui, au long des années, m'ont aidé à y parvenir.

Plusieurs se reconnaîtront peut-être dans ce livre, mais un roman est comme une courtepointe; on assemble des morceaux disparates qui finissent par former un ensemble unique. Je remercie sincèrement les personnes et les entreprises qui m'ont suggéré les « pièces » de cet assemblage et je les prie d'excuser les quelques entorses que j'ai pu faire à la réalité. Je dois également des remerciements aux personnes qui ont gentiment accepté de relire le texte et dont les commentaires judicieux ont contribué à l'améliorer : Denis Chaput, Claude Dalphond, Marcel Labine, Michel Le Blanc, Philippe Le Blanc, Sébastien Le Blanc, Marc L'Ecuyer et Lucie Ménard.

On apprend beaucoup de la nature. Dans mon cas, ce sont les arbres qui ont graduellement modifié ma perception des choses et qui m'ont inspiré. Je sais bien que les dizaines de milliers d'arbres que j'ai plantés au cours des vingt dernières années n'arriveront pas tous à la maturité et surtout, que je ne verrai pas arriver à terme ceux qui y parviendront. Il en est de même pour mes enfants et mes petits-enfants. Je ne sais pas ce qu'ils deviendront, mais j'ose espérer pour eux le meilleur des mondes, qu'ils réalisent leurs plus chers désirs et, peut-être égoïstement, que ce livre leur serve d'inspiration.

Enfin, cher lecteur, j'espère que vous aurez eu autant de plaisir à lire ce livre que moi à l'écrire. En dernier ressort, j'espère surtout qu'il vous en aura appris davantage sur les méandres de la Bourse.

Guy Le Blanc
Delray Beach
2011

P.-S. Vos commentaires, critiques ou témoignages sont les bienvenus.
Veuillez me les faire parvenir à :
guyleblanc@cote100.com
1 (800) 454-2683

Imprimé au Canada sur papier Enviro
par : Imprimerie Gagné

La production de ce titre sur du papier Rolland Enviro 100 Édition plutôt que du papier vierge
réduit votre empreinte écologique de :

Arbre(s) : 29
Déchets solides : 1 642 kg
Eau : 108 419 L
Émissions atmosphériques : 4 269 kg

Imprimé sur Rolland Enviro 100, contenant
100% de fibres recyclées postconsommat
certifié Éco-Logo, Procédé sans chlore, FSC
Recyclé et fabriqué à partir d'énergie biog